ANNALS OF CHINA PUBLIC FINANCE

光华财税年刊

西南财经大学财政税务学院　编

2012—2013

西南财经大学出版社

目 录

Contents

(2012—2013)

基于养老保险目标替代率下的税收优惠政策探讨

——上海市个人税收递延型养老保险试点方案的测算

▌ 尹音频　胡上晴*

内容提要：随着我国人口老龄化步伐的加快，社会基本养老保险和企业年金已不能充分满足全社会老年人的生活消费，建立第三支柱的个人储蓄性养老保险日趋必要。本文应用保险精算模型与收支回归分析方法，以上海市的相关数据为基础，测算了在实现既定养老保险目标替代率的条件下，实施个人税收递延型养老保险方案的税前扣除率与财政负担率。实证结果表明，要达到10%的养老保险目标替代率，税前扣除率应在20%左右，即对个人以工资额20%的部分购买个人储蓄性养老保险给予免税优惠；如果税前扣除率为20%，则税收减免总额约为16.70亿元，仅占上海市个人所得税收入的1.85%，占税收收入总额的0.15%，财政成本较小，因而具有实施的可行性。

关键词：个人税收递延型养老保险　养老保险目标替代率　税收优惠　财政成本

个人税收递延型养老保险是指投保人在购买个人养老保险时所支出的保费可以免缴个人所得税，在退休领取养老金时再缴纳个人所得税的一种养老金储蓄模式，税收递延是发达国家鼓励人们建立

* 尹音频，西南财经大学财税学院教授、博士生导师；胡上晴，西南财经大学财税学院研究生。

个人储蓄性养老保险的重要激励政策。我国为鼓励个人储蓄型养老保险的发展，于 2008 年 12 月颁布了《关于当前金融促进经济发展的若干意见》。该意见提出，"研究对养老保险投保人给予延迟纳税等税收优惠"，标志着个人税收递延型养老保险纳入国家决策之中。2009 年 4 月，国务院发布《关于推进上海加快发展现代服务业和先进制造业建设国际金融中心和国际航运中心的意见》，进一步明确"鼓励个人购买商业保险，适时开展个人税收延迟型养老保险产品试点"，该决议进一步推进了个人税收递延型养老保险工作的开展。2011 年 11 月，上海保监局颁布了《上海保险业发展"十二五"规划纲要》，提出积极开展个人税收递延型养老保险试点。2012 年 1 月《"十二五"时期上海国际金融中心建设规划》把研究开展个人税收递延型养老保险产品试点作为上海国际金融中心建设的主要任务。因而测算合理可行的上海地区试点方案具有重要的实践意义与推广价值。

一、个人税收递延型养老保险的精算模型

为了实证研究个人税收递延型养老保险中养老金替代率与税收优惠的关系，本文将借鉴谌明超等（2009）[①] 的分析思路，按照如下步骤建立精算模型[②]：

（一）参数的设定

在本精算模型中，主要涉及工资、工资平均增长率、通货膨胀率、预期投资收益率、免税率、税率、养老保险替代率等经济变量：

W_a：个人在 a 岁时的工资。

g：工资平均增长率。

k：通货膨胀率。

i：预期投资收益率。

v：贴现因子，即 $v=\dfrac{1}{1+i}$。

λ：个人税收递延型养老保险替代率（替代率是指退休后的养老金与退休前一年工资的比值）。

∂_1：个人税收递延型养老保险的费用率（即个人免税的缴纳金额占工资的百分比），简称缴费率。

∂_2：个人在领取阶段的适用税率。

∂_3：个人在领取阶段的所得率，显然有 $\partial_3 = 1-\partial_2$。

$_tP_r$：r 岁的人至少再生存 t 年的概率。

d：职工极限年龄，按照保监会发布的中国人寿保险业经验生命表(2000—2003)，$d=105$。

$B_{r,a}$：现年 a 岁的人 r 岁时养老金的给付额。

---

① 谌明超，贺思辉，钱林义. 中国企业年金税收优惠政策建模及分析 [J]. 统计与信息论坛，2009 (11).
② 上海地区个人税收递延型养老保险试点的征税模式为 EET 模式。

（二）基本假设

1. 男女退休年龄固定

按照我国现行法定退休年龄的规定，对男女实行不同的退休年龄，一般男性工作者退休年龄为 60 岁，一般女性工作者退休年龄为 55 岁。本文为了方便研究，假设男女退休年龄均为 60 岁，即 r＝60。

2. 劳动人口数量相对稳定

由于对人口普查的成本较大不易经常调查，本文中的劳动力人口数据采用的是最近一次（2010 年上海市第六次）人口普查的数据。其中，为了得到 2013 年上海市 25~59 岁劳动力人口的数据，我们暂时取 2010 年 22~56 岁人口的数据，这就需要劳动力人口的相对稳定，假设人口不存在流动性和该年龄段无死亡等极端情况。

3. 工资增长率、通货膨胀率固定

由于工资与经济形势的增长挂钩，为了研究简便，这里取工资增长率等于近年来的国民经济平均增长率且保持不变，为 8%，即 g＝8%；同样，通货膨胀率也取近年来的 5% 且保持不变，即 k＝5%。

4. 投资收益率、养老保险合意替代率区间固定

设定投资收益率区间固定，即 6%<i<8%；按照中国劳动和社会保障部社会保险研究所的研究，中国多层次养老保险体制中基本养老保险、企业年金和个人储蓄型养老保险的目标替代率分别为 60%、20% 和 10%。[1] 为了动态反映不同养老保险目标替代率下个人税前可享受的优惠程度，选取高、中、低三档合意目标替代率，分别为 5%、10% 和 15%。

（三）模型的应用

现有一位 a 岁的职工，为了达到退休后个人税收递延型养老保险的目标替代率 λ，从 r 岁退休起的第 j 年养老金给付额 B_{r+j} 与退休前一年工资 $W_a(1+g)^{r-a}$ 的比值应为 λ。由于有通货膨胀因素的影响，修正后的公式如下所示：

$$\lambda = \frac{B_{r+j}}{W_a(1+g)^{r-a}(1+k)^j} \quad (j=0,1,2,\cdots\cdots) \tag{1}$$

在综合考虑了缴费阶段、收益阶段和领取阶段的基础上，由于收支平衡的基本原则，建立如下的精算模型：

$$\sum_{j=0}^{r-a-1}\partial_1 W_a[v(1+g)]^j{}_jP_a = \sum_{j=0}^{d-r}\partial_3 B_{r+j}v^{r-a+j}{}_{r-a+j}P_a \quad (j=0,1,2,\cdots\cdots) \tag{2}$$

将（1）式代入（2）式，整理可得：

---

① 劳动和社会保障部社会保险研究所，中国太平洋人寿保险股份有限公司. 中国企业年金财税政策与运行 ［M］. 北京：中国劳动社会保障出版社，2003：32-35.

$$\frac{\partial_1}{\partial_3} = \frac{\lambda(1+g)^{r-a}\sum_{j=0}^{d-r}v^{r-a+j}(1+k)^j_{r-a+j}P_a}{\sum_{j=0}^{r-a-1}\left[v(1+g)\right]^j_jP_a}$$

$$= \frac{\lambda(1+g)^{r-a}v^{r-a}_{r-a}P_a\sum_{j=0}^{d-r}v^j(1+k)^j_jP_r}{\sum_{j=0}^{r-a-1}\left[v(1+g)\right]^j_jP_a} \qquad (j=0,1,2,\cdots\cdots) \tag{3}$$

由（3）式可以得出以下结论：

（1）缴费率 ∂_1 和所得率 ∂_3 只与平均工资增长率 g、通货膨胀率 k、贴现因子 v（进而推出预期收益率 i）、生存概率 $_tP_r$ 等因素有关，而与职工 a 岁时的工资 W_a 无关。

（2）缴费率 ∂_1 和所得率 ∂_3 是正相关关系，即个人在缴费阶段缴纳的免税缴纳本金越多，在领取阶段获得的收益也相应增加。

二、实证测算：税收优惠率与财政成本率

（一）实证测算：税前扣除率

由（3）式可知，由于 $\frac{\partial_1}{\partial_3}$ 的比值和缴费年龄有关，因而在测算实际数据时要考虑选取样本整体的年龄结构。我们把所选取的25~59岁人口数升序排列后平均分成七组，以每一组的中位数来表示该组 $\frac{\partial_1}{\partial_3}$ 的平均值，再根据每组人口总数所占适龄劳动人口总数的权重计算出整个上海地区 $\frac{\partial_1}{\partial_3}$ 的均衡值，如表1所示。

表1　　　　　　　　　　上海地区均衡值的测定

条件	年龄	权重（%）	测算值（%）	$\frac{\partial_1}{\partial_3}$均衡值	条件	年龄	权重（%）	测算值（%）	$\frac{\partial_1}{\partial_3}$均衡值
i=6% λ=5%	27	17.76	4.27	11.17%	i=8% λ=5%	27	17.76	2.52	8.00%
	32	17.26	4.84			32	17.26	2.98	
	37	13.65	5.66			37	13.65	3.63	
	42	13.73	6.94			42	13.73	4.66	
	47	12.27	9.24			47	12.27	6.49	
	52	11.80	14.43			52	11.80	10.61	
	57	13.54	37.05			57	13.54	28.52	

表1（续）

条件	年龄	权重(%)	测算值(%)	$\frac{\partial_1}{\partial_3}$ 均衡值	条件	年龄	权重(%)	测算值(%)	$\frac{\partial_1}{\partial_3}$ 均衡值
i=6% λ=10%	27	17.76	8.55		i=8% λ=10%	27	17.76	5.04	
	32	17.26	9.68			32	17.26	5.95	
	37	13.65	11.32			37	13.65	7.27	
	42	13.73	13.89	22.34%		42	13.73	9.32	16.01%
	47	12.27	18.47			47	12.27	12.97	
	52	11.80	28.86			52	11.80	21.21	
	57	13.54	74.09			57	13.54	57.03	
i=6% λ=15%	27	17.76	12.82		i=8% λ=15%	27	17.76	7.56	
	32	17.26	14.52			32	17.26	8.93	
	37	13.65	16.97			37	13.65	10.90	
	42	13.73	20.83	33.51%		42	13.73	13.99	24.01%
	47	12.27	27.71			47	12.27	19.46	
	52	11.80	43.29			52	11.80	31.82	
	57	13.54	111.14			57	13.54	85.55	

由表1可见，在 g、k、r 等变量确定的情况下，$\frac{\partial_1}{\partial_3}$ 随着 i 的增加而减少，随着 λ 的增加而增加。在利率分别为 6% 和 8%、替代率分别为 5%、10%、15% 的情况下，假设在领取阶段，个人的纳税率为 10%[①]，即 $\partial_2 = 10\%$，$\partial_3 = 90\%$。个人缴纳的费用率 ∂_1 见表2。

表2 在不同 i 和 λ 下的税前扣除率

替代率 \ 利率	i=6%	i=8%
λ=5%	12.41%	8.89%
λ=10%	24.82%	17.79%
λ=15%	37.23%	26.68%

---

① 依据个人所得税法规定，在扣除3500元免征额之后，0~1500元的税率为3%；1500~4500元的税率为10%。换言之，如果所领养老保险金在8000元以内，则边际税率不超过10%。因而假设税率为10%，可以涵盖大多数人群。

（二）实证测算：财政成本

我们将依据 2002—2011 年上海市的有关数据（见表 3），应用收支回归分析方法，测算在实施税前扣除率 20% 的条件下，推行个人税收递延型养老保险的财政成本。

表 3　　　　　　　　　2002—2011 年上海市的相关数据

年份	职工平均工资 （元）	从业人员人数 （万人）	税收收入 （亿元）	个人所得税 （亿元）
2002	23 959	794.59		
2003	27 304	813.05		
2004	30 085	836.87	221.72	3104.58
2005	34 345	865.37	279.81	3523.44
2006	41 188	885.51	327.54	4141.85
2007	49 310	909.08	423.52	6470.53
2008	56 565	1053.24	512.23	6557.54
2009	58 336	1064.42	561.72	6675.17
2010	66 115	1090.76	653.01	8003.43
2011	75 591	1104.33	787.38	9595.01

数据来源：《上海市统计年鉴》（2002—2011）。

2013 年从业人员估计值 = −77 573.96 + 39.130 67 × 2013 = 1196.079（万人）

2013 年职工平均工资估计值 = −11 535 506 + 5772.133 × 2013 = 83 797.73（元）

2013 年税收收入估计值 = −1 798 827 + 899.0468 × 2013 = 10 954.208（亿元）

2013 年个人所得税估计值 = −157 664.4 + 78.772 26 × 2013 = 904.159（亿元）

税收减免总额 = 83 797.73 ÷ 12 × 20% × 10% × 1196.079 × 10 000 ÷ 100 000 000

≈ 16.7（亿元）

税收减免额占当年个人所得税收入比例 = 16.7 ÷ 904.159 = 1.85%

税收减免额占当年全市税收收入总额比例 = 16.7 ÷ 10 954.208 = 1.52%

三、基本结论

本文应用保险精算模型与收支回归分析方法，以上海市的相关数据为基础，测算了在实现既定养老保险目标替代率的条件下，实施个人税收递延型养老保险方案的税前扣除率与财政负担率。

（一）必要性——税前扣除率的选择

在养老保险领取阶段缴税率为 10%、收益率为 6%~8% 的条件下，为了达到 10% 的养老保险目标替代率，税前扣除率必须在 20% 左右。即政府应对个人以工资额 20% 的部分购买个人储蓄性养老保险给予免税优惠，才能起到较强的税收激励作用，实现既定的养老保险目标替代率。

而随着经济增长和人民生活水平提高，未来第三支柱目标替代率必然增长（假设为 15%）的条件下，税前扣除率有望达到 30% 左右。

（二）可行性——财政成本率的确定

我们根据 2002—2011 年上海市统计年鉴，推算出 2013 年上海市职工平均工资为 83 797.73 元，从业人员人数为 1196.079 万人，税收收入为 10 954.208 亿元，其中个人所得税为 904.159 亿元。按照税收优惠为 20% 的额度进行测算（假设税款征收率为 10%），个人税收延迟型养老保险税收优惠减免总额约为 16.70 亿元，占当年全市个人所得税收入的 1.85%，占当年全市税收收入总额的 0.15%，对上海市即期财政收入的压力较小，因而 20% 的税前扣除率是可行的。

参考文献：

[1] 谌明超，贺思辉，钱林义. 中国企业年金税收优惠政策建模及分析 [J]. 统计与信息论坛，2009 (11).

[2] 沈小芳. 测算养老保险替代率的模型和方法 [J]. 黄冈师范学院学报，2010 (3).

[3] 王莹. 个税递延型养老保险——基于税收优惠的思考 [J]. 中南财经大学学报，2010 (1).

[4] 许栩. 个税递延型养老保险方案设计公平性问题刍议 [J]. 上海保险，2011 (2).

[5] 李晓晟. 基于税收优惠的我国个税递延型养老保险研究 [J]. 金融理论与实践，2011 (10).

[6] 郭林林. 对我国个税递延型养老保险试点的思考 [J]. 南方金融，2012 (1).

企业税务风险及其管理理论的研究兴起与理论框架构建

■ 刘　蓉*

内容提要： 内容提要：随着企业风险意识的加强和企业战略重点的调整，仅仅依靠传统的外部税务机关对征税风险的划分及监控以及企业内部财务部门基于外部监管体系下对纳税风险的被动的防范是不够的。将企业税务风险管理纳入企业整体风险管理范畴，从企业公司治理结构及内控制度完善的高度，建立有效的企业税务风险评估与控制体系，有利于提升企业诚信形象与价值，促进企业与国家、企业各利益相关主体的和谐发展。本文根据企业管理实践的发展轨迹，提出企业税务风险理论研究正在兴起，并尝试为企业税务风险构建一套初步的理论模型。

关键词： 税务风险　风险识别　风险度量　风险反应

一、企业税务风险与管理研究述评

（一）企业税务风险的定义

1. 定义综述

目前为止，国内外对企业税务风险的定义不一致。Michael Carmody（2003）认为，税务风险是一种不确定性，它来自内部和

---

* 刘蓉．西南财经大学财政税务学院教授、博士生导师。

外部两个因素。例如，适用的税法或者税务机关对其做出的解释方面的变化，会计记账标准的变化，以及监管或者公司治理要求的变化，都导致了企业产生税务风险。这是外部因素的影响。他认为，税务风险管理即纳税人通过经营活动或个人事务活动的合理安排，实现合法纳税、规避税务执法机关的检查并力图实现缴纳最低的税收。Donald T Nicolaisen（2003）认为，税务风险管理是指纳税人通过财务活动的合理安排，以充分利用税收法规所提供的优惠政策，在不引起税务执法机关关注的情况下获得最大的税收利益。Tom Neubig（2004）认为，税务风险管理是指在纳税义务发生之前，有系统地对公司经营或投资行为进行审阅，寻找最易引起税务执法机关关注的事项并事先进行合理安排，以达到既不引起税务执法机关关注，又能尽量地少缴所得税，这个过程就是税务风险管理。我们不难发现，它们其实与目前国内比较流行的税务筹划的概念很相似。

国内的学者认为，税务风险是建立在合法的基础上的，外部因素是企业不可控制的，因而所谓的税务风险管理是指对内部因素的控制。范忠山、邱引珠（2002）认为，税务风险管理是指在法律规定许可的范围内，通过对经营、投资、理财活动的事先筹划、事中控制、事后审阅和安排，免于或降低税务处罚，尽可能地规避纳税风险，并在不违反国家税法的前提下尽可能地获取"节税"的收益，降低公司税收负担。[①] 李淑萍（2005）认为，企业税务风险通常是指纳税人没有充分利用税收政策或者税收风险规避措施失败而付出的代价，是由经济活动环境的复杂性、多样性以及纳税人认识的滞后性、对税收政策理解的失误等共同作用的结果。[②] 从企业的角度出发，马鞍山钢铁股份有限公司税务科长金道强认为，企业税务风险是指企业涉税行为因未能正确、有效地遵守税收法规而导致企业未来利益的可能损失，具体表现形式是企业某种涉税行为影响准确纳税的不确定因素，结果是企业多缴或延迟缴纳税款，受到税务机关的处罚。刘蓉（2005）认为，税务风险是指税务责任的一种不确定性，税务风险管理即是对这些不确定性的管理。[③] 这些不确定性与企业的交易经营活动，财务报告的可靠性及法规的遵循等方面密切相关。可见，她把税务风险与企业的整体风险联系在一起了。

2. 税收筹划与税务风险

王玉娟（2005）认为，税收筹划风险产生的主要原因在于税务筹划的预先筹划性与筹划方案执行中的不确定性和不可控制因素之间的矛盾。[④] 吕建锁认为，税收筹划风险是指纳税人的财务活动和经营活动针对纳税而采取各种应对行为时，所可能出现的筹划方案失败、筹划目标落空、偷逃税罪的认定以及由此而发生的各种损失和成本的现金流出，包括涉税法律风险、涉税经济风险、涉税信誉风险

① 范忠山，邱引珠. 企业税务风险与化解 [M]. 北京：对外经济贸易大学出版社，2002.
② 李淑萍. 论税务风险的防范与机制创新 [J]. 财贸经济，2005（11）.
③ 刘蓉. 公司战略管理与税收策略研究 [M]. 北京：中国经济出版社，2005.
④ 王玉娟. 税收筹划风险及对策研究 [D]. 天津：天津大学，2005.

和涉税心理风险。①

从上述的国内外研究现状和学者对税收筹划风险的认识看，税收筹划与税务风险既有联系又有区别。

联系是：首先，二者都是企业风险的组成部分，政策的选择与变化、税务行政执法的偏差以及企业经济活动的变化等都会导致它们的存在；其次，税收筹划是人们研究税务风险的必然阶段，从单纯的降低税负，到避税，再到税收筹划，已经远远不能满足现代企业目前对企业整体风险控制及改善公司治理结构的迫切要求了，因此，税收筹划研究是税务风险研究的必然阶段。

区别是：首先，二者的目标不同。税收筹划的目标侧重的是对企业交易和经营过程中税务成本的控制，使企业税负水平下降；而税务风险管理强调的是在合法的前提下，企业主动找出存在于企业外部和内部的与税务相关的不确定性，然后评估其程度并加以防范、分散。例如，集团公司可以通过转让定价将利润从高税率企业移到低税率企业，使集团公司总体税负水平下降，这是税收筹划的最终目标；而对税务风险管理而言，这只是它的基本目标，利用集团公司的交易经营活动、战略决策等分散风险、控制风险才是它的终极目标。其次，二者在企业风险中所占的比重不同。税收筹划风险只是企业有税收筹划时才存在的风险，而税务风险涵盖于商业风险、财务风险、遵循性风险、运营风险之中。因此，强化税务风险管理能够控制税收筹划风险，有利于促进企业的全面风险管理。

（二）企业税务风险管理的基本内涵

1. 税务风险管理的含义

根据安永会计师事务所资料以及 ERM 框架，结合我国现状，本文根据 ERM 框架，归纳整理出一个企业税务风险管理框架。本文认为企业税务风险管理是一个过程，这个过程受董事会、管理层、税务部门和其他人员的影响，这个过程从企业战略制定一直贯穿到企业的各种活动之中，用于识别那些可能影响企业的潜在税务事项并管理税务风险，从而确保企业实现既定目标。

2. 税务风险管理的三个维度

税务风险管理框架包括三个维度。第一个维度是税务风险管理的目标，包括战略目标、经营目标、报告目标、合规目标。第二个维度是全面风险管理的八个要素，又可分为三个层级：第一层是税务风险管理的基础，包括内部环境与目标设定；第二层是税务风险管理的过程，即控制活动所涉及的风险识别、风险评估、风险反应；第三层是税务风险的保障信息交流和监督。第三个维度是指税务风险管理所涉及的部门和人员，涵盖了企业各个层级，包括整个企业、各职能部门、各条业务线及下属各子公司。这三个维度的关系是：税务风险管理的四个目标是整个管理框架的出发点和归宿；企业税务风险管理的三个层级涉及的八个要素都是为企业设定的四个目标服务的。同样企业的各个层级和员工都必须坚持这四个

---

① 吕建锁. 税收筹划的涉税风险与规避新探［J］. 山西大学学报：社会科学版，2005（5）.

目标，必须从以上八个方面进行税务风险管理。

（三）税务风险及其管理理论述评

1. 税务风险理论述评

综上所述，国内外对税务风险的研究现状存在两个不足：一是对税务风险的研究更多的是基于税收筹划的基础上。在他们的理念里，税务风险管理和税收筹划是同样的概念，只把税务风险定义在减少税负的层面上，而没有认识到税务风险的管理是为企业实现价值最大化服务的。值得庆幸的是，国内学者对税务风险管理的理解都是建立在合法的前提下，只是未把税务风险纳入企业风险管理体系，对企业风险管理体系的架构重视不够。二是研究税务风险管理的角度相对狭窄，只认识到风险会给企业带来成本，却没有认识到风险也会给企业带来收益。因此，税务风险就是一种由企业外部和内部因素共同影响造成的不确定性，它可以带来损失也可以带来收益，关键是看风险管理者如何操作。企业创造利润的过程就是一个评估风险、控制风险并使企业价值实现最大化的过程。对任何一个企业而言，总是采取无风险的策略并不是最有效、有价值的。而税务风险管理也不是指风险的最小化，而是指一个过程，一个找出企业面临的税务风险是什么、风险有多高以及企业能够并应该承担多高的税务风险即风险容忍度来使企业实现价值最大化的目标的过程。在企业税务风险管理的过程中，企业不是被动接受税务风险，而是主动把风险控制在企业的风险偏好之内，从而合理确保企业取得既定目标。

2. 企业税务风险管理述评

（1）企业税务风险管理是一个过程，并且是一个不断变化的过程

由于公司处于不断变化的商业环境之中，各种税务风险发生的可能性及其可能发生的影响也会随之动态变化，原来的风险反应方案也会随之失效。因此，风险控制活动要根据企业所处环境变化适时调整，定期评估税务风险及其反应方案，可以避免公司花费更多的资源在本已不再重要的风险事项上，而对新产生的风险缺少相应的关注。企业税务风险管理应该跟着商业环境变化而不断演进完善。

（2）企业税务风险管理目标是出发点和归宿

税务风险管理是以战略目标、经营目标、报告目标和合规目标四个目标为核心的。它要求从企业目标的战略性角度进行风险管理，从战略性的角度高屋建瓴的发挥风险控制的作用进行管理。它要求公司董事会、管理层及各个层级的员工都必须理解贯彻税务风险管理的目标，各部门间应合理划分职责和权限。从成本收益原则考虑，采用统一的风险识别评估模式，找出最重要的风险，将资源放在对其的管理和控制上。同时，完善信息支持系统，加强交流与监督，确保实现上述目标。

（3）研究企业税务风险的管理是企业加强风险管理的良好契机

研究税务风险的管理是企业加强风险管理的良好契机，是企业遵守《萨班斯法案》的必要工作。能够帮助企业建立透明化遵从平台，提供企业级的信息汇总，提供企业遵从状态的管理快照，以随时了解企业遵从状态，集中化数据管理，并

可以按照关联性查看遵从具体详情，对推进整个调整计划将有很大帮助。应该站在企业实现价值最大化的角度来看待税务风险管理问题，而不仅仅是减少税负这个层面。

二、企业税务风险管理基本框架

（一）税务风险管理的基础

1. 内部环境

企业的内部环境是其他所有税务风险管理要素的基础，为其他要素提供规则和结构。内部环境主要包括：风险管理哲学和风险偏好；员工诚实性和道德观以及企业经营环境。它确立了企业的风险文化，既要认可预期发生的事项，也要认可未预期发生的事项。它主要是由以下三个要素组成：①建立税务风险管理理念。确认企业股东的税务风险偏好，并协调不同股东之间的风险偏好。②创立税务风险管理文化。在树立员工的诚实守信观念和道德观的同时，人力资源部门应制定与税务风险管理文化的相关政策与方案。③创建税务风险管理组织结构。划分董事会与管理层的相关责任，组建税务风险管理部门，赋予企业税务总管相关权限与职责。

2. 目标设定

根据业已确立的使命或预期，企业管理层需要制定税务风险管理目标。最终确定的税务管理目标将在企业内部层层传达，并与战略紧密联系。企业税务风险管理目标应该与企业风险偏好一致，并将税务风险控制在容忍度以内。目标一旦确定，税务风险管理人员必须以此来制订相关工作计划。

（1）宏观目标

税务风险管理的宏观目标主要包括：整体目标——企业效益最大化（或企业价值最大化）；财务目标——确保在日常经营业务中通过合理的税收筹划策略减轻企业税负；遵从目标——企业遵循国家的税收法律法规，避免税务机关的惩罚；信誉目标——依法纳税，在公众中保持良好声誉。

（2）具体目标

根据企业经营和税务状况，税务部门可以设立具体的税务风险管理操作目标。例如，将税务风险可能带来的损失总量控制在年收入的一定比例，税务风险管理的成本控制限额，或者企业不同规模的交易应分别启动不同级别的税务风险评估方案等。

（二）税务风险管理过程

税务风险管理过程实质上是一项整体的控制活动，是帮助保证税务风险反应方案得到正确执行的相关政策和程序。因此，必须与税务风险反应相结合，重视对信息处理的控制。税务风险管理执行的监控及评估，还包括对外部税务专家或中介机构及与特定活动相关的资源的利用。具体的控制过程包括风险识别、风险度量和风险反应三个阶段。

1. 风险识别

确认企业税务风险类别，即鉴别企业税务风险等级。例如，按照风险对企业的影响程度可以把税务风险分为以下三种风险：

（1）致命风险（critical risks）。致命风险是指那些可能损失巨大，引起企业破产的所有信誉、法律和经济风险。

（2）严重风险（important risks）。严重风险是指可能损失不足以引起企业破产，但导致企业名声下降或者经济困难，必须借款才能维持经营的那些风险。严重风险将给企业的财务带来困难或危机。

（3）一般风险（unimportant risks）。一般风险是指那些可能损失可以由企业现有财产或目前收入补偿，不会给企业带来严重财务负担的风险。

2. 风险度量

风险度量是衡量损失风险对企业的影响，包括衡量潜在的损失频率和损失程度。损失频率是指一定的时期内可能发生的次数；损失程度是指每次损失的规模，即损失金额的大小。对损失频率的测定可以估算某一风险单位因某种损失原因受损的概率。

对潜在的损失频率和损失程度的衡量可以用于对风险的定级。可以用损失频率对风险加以定级，特别是在得不到精确资料的情况下，可以对损失频率进行粗略估计。

更多的是用潜在的损失程度对风险进行定级。因为损失程度往往是风险对企业造成可能的财务影响的关键因素。在税务风险的所带来的损失中，往往也是从财务方面的数据加以分析和得出结论的。

税务风险度量可以使企业知道税务风险如何影响目标的完成。可以从两方面对税务风险进行评估：可能性和可能发生的影响，两者缺一不可。可能性表明的是税务风险将会发生的概率；而可能发生的影响表明的是如果税务风险发生，其对企业的影响如何。即以风险发生的可能性为横轴，风险对企业的影响为竖轴共同构成税务风险衡量的二维指标，企业税务部门将各类风险代入形成税务风险分布图。

3. 风险反应

企业有效的对风险反应的考虑以及选择并执行某一种方法可以将风险概率和影响控制在企业可以接受的风险承受能力范围内。

（1）选择风险反应方案

通常可供选择的税务风险反应方案主要有三种：风险规避、风险减少和风险分担。风险规避是指从风险发生的可能性和影响度两个方面上规避可能发生的税务风险。例如，企业采取税务机关认同的公平交易法则以避免转让定价带来的风险；调整股权架构，形成独立法人实体以改变原有纳税主体等方法。风险减少则指通过变更企业交易经营模式或公司组织架构等方法减轻税务风险。例如，执行适当的税收筹划方法，确保合理成本费用在税前列支等。企业也可以采取风险分担的方式来降低税务风险发生的可能性或影响程度。比如将日常税务事项外包给税务师事务所等中介机构处理，或就交易运营中可能产生风险的涉税事宜寻求专业建议等。

（2）评估风险反应方案

面对税务风险，企业在采取方案之前首先要考虑董事会、管理层是否容忍这样的风险，其次才是对具体的风险方案进行评估。企业对可能的风险反应方案应该从三个方面进行评估：①采取该方案的成本及可行性；②该风险给企业可能带来的影响；③与其他方案进行对比。最后必须确定对于具体的风险由谁负责管理、如何监控风险控制的情况、如何建立风险预警机制。

通过以上评估和分析，企业应该根据自身的战略目标、风险偏好和容忍度采取相应的方案。

另外，值得注意的是，由于企业经营业务日趋多元化、内部组织结构也非常繁杂，税务风险通常也表现为各类风险共同构成的组合风险，因此可能涉及多个风险方案的综合运用。

（三）税务风险管理的保障

1. 信息与沟通

信息与沟通是整个税务风险管理系统的润滑剂，能够确保税务风险管理系统平稳、顺利运行。

（1）信息系统

一个良好的信息系统能够确保税务数据信息的充分流动，避免信息不对称造成的危害。企业建立良好的信息系统，必须做到：①信息系统与企业营运应实现有效结合，建立良好的信息系统支持税务风险管理的策略；②信息系统能够提供有效的信息给适当的人员，注意信息的更新避免滞后，并关注信息的更新成本；③确保税务数据信息的真实性和完整性。

（2）沟通

通过沟通，可以使员工知悉企业的营业、财务报告等情况及遵循法律的责任、细节。

通过沟通，可以使企业管理层和员工更了解、熟悉内部和外部税务环境及其改变。沟通可以使企业的内部控制体系更加严谨，保障风险控制活动的顺利进行，使税务风险管理的方针得以实施，战略目标、操作目标得以实现。

2. 监督

监督活动是指企业整个税务风险管理过程均应被监督，并且在必要时对所发现的偏离进行必要修正，或者通过正在实行的管理活动以及分别评价风险管理过程，双管齐下来监督其他要素的有效性。监督在企业税务风险管理的有效运行中起着重要的作用，通过确保企业内部控制的持续有效，以实现企业税务风险管理的战略目标和操作目标。既要形成企业股东、董事会、经理层、税务部门间的垂直监督，也要形成各部门间的水平监督，在企业内部形成"以权力制约权力"的制衡模式。

表1　　　　　　　　企业税务风险管理控制框架体系

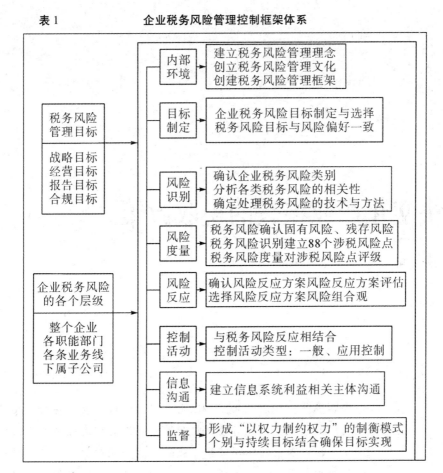

三、小结

企业风险管理框架的研究和应用在西方发达国家已经有了一定的发展，其理论框架和实际管理体系很好地指导了企业的生产经营活动。但是，目前人们对税务风险管理还没有引起足够的重视，没有很好地将税务风险纳入企业的全面风险之中进行系统考虑。在2004年安永进行的调查中，95%的被调查企业意识到了税务风险在企业的整个风险管理中占的比重及其重要性，但其中只有45%的企业真正去防范税务风险。但自2004年以来，世界经济环境发生了改变，越来越多的企业税务总监意识到了防范税务风险的重要性，52%的税务总监认为企业税务部门运行的好坏影响着企业其他部门的业绩，并且通过提高财务人员业务素质、聘请税务顾问等方式尽力降低企业的税务风险。遗憾的是，很多企业仅是就税收论税收，就风险论风险，没有将内部税务风险管理放在企业全面风险管理的高度进行研究和思考。企业税务风险是一个涉及整个企业（公司）的系统问题，而不是被误解的那样——仅仅是一个税务问题或者财务问题。决定公司交什么税、交多少税的是公司的业务，而不是财务。所以，公司在确定经营方式、销售模式和销售合同条款时，必须要先和财务部门沟通，确定在财务和税务上没有问题时，再去执行。只有站在这种全面管理的高度，我们才能在企业税务风险管理中取得进步。

加快文化产业振兴的税收政策[①]

▌李 晶[*]

内容提要： 相比于教育、卫生、科技领域，我国现行文化产业税收支持政策较少，仅有的税收政策并非为全部文化企业和文化产业而设置，无法全面体现文化产业的特点。相对于文化产业振兴目标，现行税收政策导向不突出、覆盖面窄，而且优惠期限较短，优惠支持力度不足。应在继续执行文化产业现行税收优惠的基础上，在发展重点文化产业、推进重大项目带动战略、刺激文化消费、扩大对外文化贸易、鼓励社会资金进入文化产业、发展文化产业支撑技术方面丰富现行税收政策。

关键词： 文化产业 产业振兴 税收政策

从税收角度分析，文化事业是由政府提供和倡导的公益事业，具有公共产品性质；但文化产业作为国民经济产业部门系统的组成部分，具有生产经营特性和产业特点，其产值构成国民经济总产值组成部分，故文化产业属于税收征税范围之内。由于《文化及相关

---

① 本文为2011年度辽宁省教育科学"十二五"规划立项课题"高等教育公平化的财政政策研究"（项目编号：JG11DB098）中间研究成果。

* 李晶，东北财经大学财税学院教授、博士生导师、注册税务师。

产业分类》采用社会上普遍认同的"产业分类"名称，因此，文化产业的研究对象既包括公益性的文化单位，又包括经营性的文化单位。[①] 鉴于文化事业本在税收豁免范围之内，因此，本文主要以经营性文化单位作为研究对象。

一、相关文献述评

（一）国外研究成果述评

国外对于文化产业的理论研究始于20世纪30年代。Robbins（1963）解释了在传统福利经济学体系中的艺术补贴问题。Baumo（1966）的著作《表演艺术——经济困境》成为文化经济学的溯源。

20世纪90年代以来，国外对文化产业的研究逐渐普及。Throsby（1994）认为应对艺术活动进行合理的政府支持。保罗奥德列（1983）认为加拿大文化产业的成功创立主要归功于公共与私人共享了国家政策资源。Brown 等（2000）分析了政府政策干预音乐产业的影响和作用。Getzner 认为文化支出、国内生产总值、相对价格指数是相互融合的（2002），认为奥地利文化政策是由政策制定者的意识形态和预算政策的可持续性决定的（2004）。Power（2002）认为文化产业对瑞典经济和劳动就业有着重要贡献。Frederick（2005）认为欧洲政府在文化领域花费大量资源对国家的就业和国民收入贡献很大。Rodriguez 等（2005）认为与文化商品减税有关的财政改革将会导致福利和效率收益。Bekkali（2006）分析了许多国家通过政策干预形成贸易保护抵制外国文化产品的现象。Cheng（2006）主张通过政府干预弥补文化市场的低效率。Schuster（2006）认为间接援助在艺术和文化投资方面具有创新性。Noonan（2007）认为收入的增长是对国家艺术机构拨款的主因。Gao（2007）认为对电影政策的制定要将自由市场的理念和经济繁荣的逻辑相结合。Feld（2008）认为联邦政府对于艺术的间接援助主要是通过对非盈利文化机构所得税抵扣和对慈善机构免税来体现的。Langen（2010）认为文化在欧盟政策中更加重要并将会继续成为主导。Maloney Jr.（2010）研究了文化经济政策在经济发展中的促进作用。Cronheim（2011）认为政府投资于艺术和历史行业并未挤出私人投资。Hedley（2011）认为美国文化豁免权不应成为不利于国外产权行业的先例。

（二）国内研究成果述评

20世纪30年代，我国文化产业亦进入起步阶段。21世纪初，国内开始对于文化产业财政税收政策的研究。近几年，对于文化产业财政税收的研究开始普及。研究角度包括财政和税收两个方面，研究视角多基于中国文化产业发展现状提出财政和税收改革的建议，但改革的建议各有侧重。

何秋仙（2002）认为文化税收优惠应以所得税税基式优惠为主。袁艳红（2007）、李本贵（2010）认为应降低或减免文化产品的货物和劳务税。马衍伟

---

① 由于《文化及相关产业分类》是依据活动的同质性原则划分，没有按照公益性和经营性划分，因此，无法用其划分公益性文化单位和经营性文化单位。

（2008）、路春城和綦子琼（2008）、肖建华（2010）、马洪范（2010）认为应针对不同的文化产品实行差别税收政策。刘志华和刘慧（2008，2009）、路春城和綦子琼（2008）、邓双双（2011）认为应采取所得税返还政策引导文化产业发展；李秀金、吴学丽（2009，2010）认为应激励文化产业人才培养；肖建华（2010）、梁云凤等（2010）认为应完善文化产业的税收优惠制度；文文（2010）认为应充分认识文化产业"口红效应"的经济学规律推动产业发展；申国军（2010）认为应制定中小型文化企业税收优惠政策，完善高端文化产业税收政策；吴庆华（2010）认为应借鉴国外先进模式制定文化产业财税政策；马应超、李永强（2010）认为应分别从宏观和微观视角改进文化产业税收政策；张皓（2010）认为应加大文化税收优惠力度并创新税收优惠方式；王苏（2011）则认为应在完善文化产业税收政策的同时积极参与国际税收协调与税收情报交换。

二、税收支持政策对文化产业影响的分析

文化产业的振兴与繁荣有赖于生产成本的降低、投入的增加、产业支撑技术的提升及消费市场的扩大。在强调税收公平与效率的基础上，针对处于不同发展阶段的不同类型的文化产业，制定有效的灵活多样的阶段性税收优惠政策，对于文化产业自身而言，能够提升社会资金投入和产业支撑技术研发的积极性，进而扩大文化产业的生产规模；对于文化产品消费市场而言，由于消费者的偏好和产品价格决定商品的消费需求，适宜有效的税收支持，能够降低文化产品的价格，并提升消费者对文化产品的认知程度与消费热情，进而提高文化产品的消费量。税收政策对于文化产业的影响可以从文化产业发展规模的变化和公众对文化产品消费量的变动来考察。

（一）税收优惠政策影响文化产业发展规模

假设文化产业市场结构类型为完全竞争，即产品市场价格与边际收益、平均收益三者相等，$P=MR=AR$（参见图1）。图1中的生产者为文化产业中经营性文化企业，T为税收优惠额，SMC与AVC分别为该生产者获得税收优惠前的短期边际成本曲线和短期平均成本曲线，P_1为市场价格。没有政府税收优惠，企业的产量为Q_1，生产者剩余为矩形P_1ABE的面积。SMC-T和AVC-T分别为政府提供额度为T的税收优惠后该生产者的短期边际成本曲线和短期平均成本曲线，产量为Q_2，生产者剩余变为矩形P_1CDF的面积。由图1可知，$SP_1ABE>SP_1CDF$，作为供给曲线重要影响因素之一的政府税收政策对经营性文化产业规模和收益影响明显，在存在税收优惠的前提下，企业的产量与收益均增长。从长期来看，税收优惠政策必将引致更多的资本对文化产业的投入，并提升文化支撑技术研发的积极性，进而加快文化产业规模扩张速度。

由税收优惠前后文化产业的短期均衡状况分析可知，税收优惠政策能够增加社会资本对文化产业的投入，并提升文化产业研发支撑技术的积极性，进而促成文化产业规模的扩张。

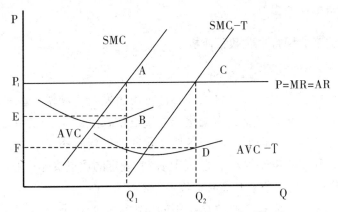

图1 经营性文化企业税收优惠前后短期均衡图

（二）税收优惠政策影响文化产品消费水平

税收政策对于文化产品消费的影响主要在于消费者对不同类型产品的偏好与选择上。在收入既定的情况下，适宜的文化产业税收优惠政策不仅可以增加消费者的实际购买力，更为重要的是能够改善消费者的消费结构，提升其消费水平（参见图2）。

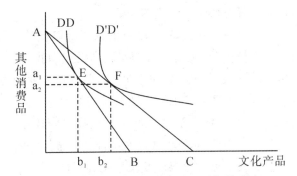

图2 税收优惠对于消费者商品选择的影响

以无差异曲线分析方法分析税收优惠政策对消费者文化产品消费量的影响。假设文化产品为正常品，消费者收入既定、偏好既定，商品选择为文化产品与其他消费品二维。如图2所示，AB为政府实施优惠政策前消费者的预算约束线，DD是与AB相切的无差异曲线，二者切点为E，即E点为消费者对文化产品和其他消费品的最优消费组合。AC为政府对文化产业实施税收优惠政策，在文化产品价格下降和消费者收入不变的条件下，新的消费者预算约束线，D'D'是与AC相切的无差异曲线，二者的切点为F，即F点为政府实行税收优惠后消费者对文化产品和其他消费品的最优消费组合。由图2可知，在政府实施税收优惠后，曲线由AB右移至AC，消费者预算约束线斜率增大，消费者对文化产品的消费量由b_1增加至b_2，即消费者对文化产品的消费量增加，消费者的实际购买能力在收入既定的情况下得以增加。因文化产品的消费属于精神层面的消费，其权重的增加意味着公众消费水平与消费结构的提升。

三、文化产业现行税收政策评析

（一）对重点文化产业的税收支持不充分

从中央层面看，现行税收政策仅有针对出版发行、动漫等少量重点文化产业的支持，培育重点文化产业成为文化产业重点增长点的税收支持力量不足甚至存在政策真空；从地方层面看，由于各地文化产业发展状态不一，各地重点产业确定范围不同，税收政策缺少对于地方因地制宜确定的重点文化产业的支持和鼓励。

（二）对重大项目带动战略的税收支持不健全

具有重大示范效应和产业拉动作用的重大文化产业项目对于文化产业的整体发展具有巨大的示范和拉动作用，但目前我国对于重大文化项目带动战略的税收支持处于空白状态。

（三）对刺激文化消费的税收支持不丰富

目前我国居民文化消费尚处于改善生活环境、休闲减压的初级阶段，文化消费水平偏低。尤其是在经济发达城市和高收入地区，文化产品的前端创造与后端消费引导需求更甚，亟须对于文化消费的税收支持政策。

（四）鼓励对外文化贸易的税收政策不全面

现行税收政策仅对于部分文化产品和服务的出口予以支持，且优惠力度较少，进口方面的税收政策范围较窄。尤其是有相对固定的出口渠道、拥有自主知识产权产品、具有国际市场开发潜力的产品和企业，税收支持力度较弱。

（五）吸引社会资金进入文化产业的税收政策不足

通过市场筹措资金，引进社会资本，逐步形成投融资体系，是缓解文化产业资金短缺的重要途径，但我国目前税收政策对于社会资金投入的引导作用缺失。

（六）发展文化产业技术支撑的税收政策不完善

文化产业具有文化含量大、能耗少、产品附加值高、效益明显的特征，对于自主创新和技术进步的要求十分高。但我国目前缺少文化产业技术支撑的税收政策。

四、加快文化产业振兴的税收政策

（一）发展重点文化产业的税收政策

从中央层面看，应参照动漫产业的优惠政策，推出重点文化产业的税收支持办法，凡经认定的重点文化企业自主开发、生产文化产品，准予享受现行软件产业的所得税优惠及增值税的3%超税负即征即退政策。对于重点民族文化遗产和重点历史文化遗产保护，免征商品劳务税和企业所得税。从地方层面看，应允许各地结合实际制订文化产业发展规划选择性确定重点文化产业，授权地方政府在地方性税种上予以相应的税收优惠，培养各地文化产业增长点。

（二）推进重大项目带动战略的税收政策

对于国产动漫振兴工程、国家数字电影制作基地建设工程、多媒体数据库和经济信息平台、中华字库工程、知识资源数据库出版工程等具有重大示范效应和产业拉动作用的重大文化产业项目，在商品劳务税、进口关税和企业所得税等关键税种以及印花税、房产税和城镇土地使用税等辅助税种各方面予以大力支持。

（三）刺激文化消费的税收政策

从中央层面看，应对于科技含量较高的主题公园、文化广场建设，富有文化特色的图书馆、社区文化设施建设以及与文化深度结合的教育培训、健身、旅游等服务性消费，设定商品劳务税和企业所得税免税政策；从地方层面看，应允许各地结合经济发展状况和消费者基础确定重点文化消费热点，授权地方政府在地方性税种上予以相应的税收优惠，鼓励文化企业提供适应本地购买能力的文化产品和服务。

（四）扩大对外文化贸易的税收政策

在出口方面，对于网络游戏、创意文化等新兴产品和服务的出口，以增值税出口退税政策；对于在国外兴办文化实体并建立文化产品营销网点，开展境外参展、宣传推广、培训研讨和境外投标等市场活动，其境外所得免征企业所得税；对于中国（深圳）国际文化产业博览会、中国国际广播影视博览会、北京国际图书博览会等国家重点支持的、推动文化产品和服务出口的文化会展，免征商品劳务税、印花税；对于保险机构提供的文化出口信用保险服务，免征商品劳务税。在进口方面，对于艺术表演团体等单位进口的必要设备免征进口关税；对于文化部门进口非盈利性产品及进口外文原版书刊、新型文献载体等国外文化产品，免征进口关税。

（五）鼓励社会资金进入文化产业的税收政策

在银行信贷机构方面，鼓励金融机构针对具有稳定物流和现金流的文化企业提供应收账款质押和仓单质押贷款业务，对相应业务取得的贷款利息收入，免征商品劳务税。在企业自身方面，鼓励文化企业通过兼并、重组、联合方式建立文化产业集团，支持未上市文化企业通过发行企业债券、集合债券和公司债券方式融资，鼓励上市文化企业通过公开增发股票、定向增发股票方式融资，对上述业务减免企业所得税、商品劳务税和契税。在社会力量方面，对于民间资本新办企业从事文艺表演团体、演出场所、博物馆和展览馆、农村电影放映、书报刊分销，免征商品劳务税；对于社会力量向文化场馆、文化机构、文化艺术组织或基金会发出公益性捐赠支出，准予在所得税前全额列支，对于捐赠者个人获得的捐赠或赞助奖励，免征个人所得税。

（六）发展文化产业支撑技术的税收政策

在自主创新方面，对于企业在信息技术、数字内容、网络技术等核心技术和关键技术方面的研发支出，准予税前全额列支的同时100%加计扣除；对文化企业研究创新所获得的奖励，免征所得税。营业税改征增值税后，允许占据文化产品

成本比例较大的外购机器、设备支出和创作或购买技术、剧目、版权、广告创意
等支出作为进项税额在销项税额中抵扣，并在所得税中加速折旧。在引进技术方
面，对于国外购买的版权、专利权等无形资产，准予在所得税前加速摊销。

参考文献：

　　[1] 祁述裕. 中国文化产业发展战略研究 [M]. 北京：社会科学文献出版社，2008.

　　[2] 张晓明，胡惠林，章建刚. 中国文化产业发展报告 [M]. 北京：社会科学文献出版
社，2009.

　　[3] 陈杰，闵锐武. 文化产业政策与法规 [M]. 北京：中国海洋大学出版社，2006.

　　[4] 左惠. 文化产品提供论 [M]. 北京：经济科学出版社，2009.

土地增值税改革浅析

■ 王珊珊[*]

内容提要：税收作为国家财政收入的重要组成部分以及宏观调控政策的手段，在房地产市场发展中发挥着重要作用。随着房价上涨，房地产行业相关税收政策备受关注。土地增值税作为对房地产行业调控的重头戏，格外瞩目。近期随着央视每周质量报告对"土地增值税欠税门事件"的报道，土地增值税被推上风口浪尖。笔者拟从土地增值税在组织财政收入、宏观调控和土地收益分配三方面的作用展开，纵观自 1994 年以来土地增值税制度的改革历程。重点分析北京地区，房地产行业土地增值税的现行政策和存在问题。最后，配合我国税制改革的方向，提出短期和中长期针对房地产行业的土地增值税改革建议。

关键词：土地增值税改革　税制改革　房地产行业

一、土地增值税的财政职能分析

土地增值税作为国家财政收入的来源之一，开征以来，为地方财政做出了积极贡献。从 2004—2013 年的税收数据分析来看（见表 1），土地增值税的绝对收入数据逐年增加，同时土地增值税占税

---

* 王珊珊，东北财经大学财政税务学院博士生。

收收入总额的比例不断上升，由 2004 年 0.29%上升至 2013 年 2.98%。但同时可以看到，土地增值税占税收收入的总额比重仍然很低。

表 1 土地增值税占税收收入的比重（2004—2013 年）

项目 \ 年份	2004	2005	2006	2007	2008	2009	2010	2011	2012	2013
土地增值税（亿元）	75.1	140	231.3	403.2	537.1	719.43	1276.67	2062.51	2718.84	3294
税收收入总额（亿元）	25 718	30 865.8	37 636.3	49 449.3	54 219.62	59 514.70	73 202	89 720.31	100 600.88	110 497
占税收收入比例（%）	0.29	0.45	0.61	0.82	0.99	1.21	1.74	2.30	2.70	2.98

土地增值税作为国家宏观调控手段，作为有力的税收杠杠对房地产行业的开发、经营和房地产市场起到了适当的调控作用。同时，在促进房地产行业健康发展，有效地抑制房地产的投机行为，促进土地资源的合理利用方面也起到了一定的调控作用。但土地增值税在抑制房价过快上涨方面的作用不显著。

我国的土地国家所有制度，使得土地增值税作为土地收益分配的一种有效方式，由国家参与了土地投资增值的收益。但土地增值税仅针对有偿转让国有土地使用权及地上建筑物和其他附着物产权并取得增值性收入的单位和个人增收，而对土地所有者的自然增值部分不征收。在土地出让价格日益上涨的趋势下，土地财政作为地方政府的重要收入来源，土地增值税组织地方财政收入的作用不足。

二、土地增值税的改革历程

（1）1994 年我国税制改革全面展开，在"统一税法、公平税负、简化税制、合理分权"基本思想的指导下，建立以增值税、营业税两大流转税为主，对部分行业开征消费税，同时统一内资企业所得税，完善个人所得税，并开征多个小税种的税制结构。自 1988 年中国城镇住房改革制度开始试点，到 1998 年中国城镇住房改革制度的全面展开，铺开了中国房地产行业的兴起。在 1994 年的税制改革中，开征了土地增值税，用于调节房地产行业的过高利润，分配土地级差收入。1994年的分税制改革，合理分权作为重要内容，增值税作为国税税种，营业税和土地增值税作为地方税税种。

（2）自 1994 年实施土地增值税以来，一段时间内，土地增值税取得的税收收入在数量和质量上都不足，未能够成为地方税的主要税种。随着 1998 年住房改革制度的全面铺开，房地产行业进入快速发展阶段，而土地增值税的相关政策不断完善。2004 年新一轮税改启动，坚持"简税制、宽税基、低税率、严征管"的基本原则。但土地增值税并未进行实质性的改革，堪称我国最复杂的税种，税率设置过高，并且由于税制的复杂导致征管的不到位。

（3）自 2006 年以来，房地产行业高速发展，国务院及各部委不断地出台"国六条""国八条""国十条"等来控制房地产行业的快速发展与房价的迅猛上涨。针对房地产行业的土地增值税，其预征与清算等政策，作为调控政策的重要内容，从国家税务总局到省市地方税务机关都予以了高度重视，均三令五申的严格要求土地增值税的征收管理。但在土地财政和市场机制的作用下，城镇化步伐的加快，税收对房地产市场的价格不能起到根本性的调控作用。

（4）2012年，全面推行"营业税改征增值税"试点。随着营业税改征增值税的步伐，我国新一轮税制改革的节奏必然是将建立全面覆盖商品和服务的增值税。在结构性减税改革中，营业税收入的减少加剧地方政府财政收支的不平衡。随着营业税改征增值税的不断扩围，为了解决地方财政收支的不平衡，强化土地增值税清算力度，增加土地增值税税收收入，必然成为地方政府的选择之一。

三、土地增值税现行政策——以北京地区为例

（一）土地增值税预征制度

北京市房地产行业的发展模式，取得土地后，即展开前期开发步骤，进行报批报建，取得商品房预售手续后，即可进行房产销售。在房地产开发未取得竣工备案前，房产不能移交至购房人，不能确认收入，按照土地增值税的规定，要按照预征率进行预缴。北京市地方税务局公告2013年第3号规定，除保障性住房外，房地产开发企业销售新办预售许可与销售备案的现房收入，实行2%~8%的幅度预征率。但由于2%~8%的幅度预征率是在前期报批报建中，报给建委备案，而并不经过税务机关审核，实际预缴阶段，多数企业仍按原2%的预征率进行预缴，导致政策的效果大打折扣。

（二）土地增值税清算

国家税务总局在《关于房地产开发企业土地增值税清算管理有关问题的通知》中对土地增值税清算提出了具体要求；在《土地增值税清算管理规程》中详细规定了土地增值税的清算管理方式；在《关于土地增值税清算有关问题的通知》中对土地增值税清算的收入确认、房地产开发费用扣除等问题进行了明确规定。北京市在上述几个文件的指导下，对房地产开发企业开展清算工作。实际执行中，由于房地产开发的业务复杂性，企业的清算时间执行不严格，多数企业采用推迟清算时间的方式进行税收筹划。另外，由于房地产开发企业会计核算的差异性，清算中开发间接费的认定不统一。

四、土地增值税存在的问题

（1）我国现行的土地增值税政策包含的预征土地增值税是与预征营业税一并执行的。营业税是间接税，税负易转嫁至最终消费者。而土地增值税是对增值收益征税，是调节收益过高的直接税。从税收原理上分析，土地增值税应是不易转嫁的税种。但因为预征土地增值税与预征营业税一并执行，导致土地增值税的直接税作用弱化，产生间接税的效果，税负易转嫁。

（2）在土地增值税预征制度中，根据预计利润率制定了预征率。然而过渡频繁的调整预征率，导致主管税务机关的监管不力，预缴制度的执行力度不一致，导致预征的不均衡。而政府不同部门间未建立有机的联系，导致政府监管土地增值税预缴失效。

（3）土地增值税的清算条件中规定了由税务机关认定的清算和必须达到清算两种情形，导致在实际执行中，多数土地增值税清算均由税务机关认定，存在很大的人为因素，提高了对税务机关的管理要求。然而，由于房地产开发情况的复杂性以及财务会计核算的不完全统一，导致土地增值税税收管理难度大。另外，如果清算过早，房地产开发项目未全部销售完毕，根据收入与成本相匹配原则规定，企业会出现多缴纳企业所得税的情形。由于清算的上述问题，房地产开发行业从资金成本与税务管理角度考虑，大多采取拖延进行土地增值税清算的时间，从而达到税务筹划的目的。清算政策的不足，客观地推动了房地产开发企业延迟纳税的动机。

（4）在土地增值税具体计算方式中，可扣除成本的认定存在不尽合理之处。首先，作为可以加计扣除的基数中的"开发间接费"，在实际业务操作和税务管理中，没有统一的标准。不同企业之间存在很大差异，间接导致了税收的不公平。房地产开发费用的扣除，未遵循财务会计对期间费用的核算标准，进行比率扣除，并且存在5%以内和10%以内的比率。纳税人在不同税率间存在选择空间，促使企业进行相关纳税筹划。另外，随着近年金融模式的迅速发展和创新，房地产行业的融资模式不断多样化。简单以银行同期利率作为标准不符合经济发展的实际情况。

（5）我国土地流转的模式中，除招拍挂以外的模式也越来越多。土地流转过程中，土地属性的不同取得业务票据的方式不同，使得税务机关在土地增值税清算中认定的成本差异大。房地产开发企业开发项目过程中，取得政府审批手续繁复，而税务机关对审批手续的认定不同，导致清算单位及清算时间的不同。

（6）土地增值税计算复杂，与企业所得税政策存在差异，这两点不符合"简税制"的基本思路。土地增值税清算依赖税务中介机构的鉴证报告，而税务中介机构的水平参差不齐，也在一定程度上加大了税收征管难度。而由于土地增值税的税率设置过高，从1994年税制改革至今，20年间未调整，迫使企业逃避过高累进税率，而筹划的方式多以简单粗暴的增加建安成本方式为主，扣除成本时多以取得发票作为基础，不利于提高土地增值税的征管水平，更不利于行业结构的建立。

五、土地增值税改革建议

（一）短期内政策建议

（1）随着营业税改征增值税的不断扩围，地方营业税的减少，需要地方政府加强对土地增值税等地方税种的征收管理。尤其在曝光3.8万亿元欠税事件后，说明我国土地增值税税源短期内充足。作为配合结构性减税的配套措施，应完善土地增值税征管的实际操作指南，执行切实有效地针对房地产行业的税收监管。对房地产行业从拿地开始的土地增值税登记入手，在纳税申报期内对房地产企业资料及财务数据执行严格监控，对房地产开发企业应以土地使用权证、建设用地规划许可证、建设工程规划许可证、建设工程施工许可证、商品房预售许可证为基础着力点。土地增值税的清算单位应与商品房预售许可证的项目一致。严格监控房地产开发企业竣工备案时间，对确认收入部分及相应成本执行严格审核。

（2）短期内，考虑土地增值税的执行成本和征管成本，不易对土地增值税政策大动干戈。可以进行查缺补漏方式的填补。对开发间接费核算内容进行明确规定，缩小不同企业间因核算造成的差异。房地产开发费用的扣除，应参考期间费用核算的内容，不执行比率扣除的办法。房地产开发项目进行土地增值税清算后，又发生销售业务的，应根据实际情况，退还多缴纳的企业所得税。

（二）长期政策建议

（1）营业税改征增值税，最终形成对全部商品、货物和劳务均征收增值税的税制结构。房地产行业改征增值税后，增值税本身就是对增值额进行征税，而土地增值税也是对增值额的征税，这种重复征税必然加重企业的税收负担，导致税负的不均衡，税制结构的不合理。而且随着土地价格的不断上涨，政府调控作用的发挥，房地产行业本身的竞争，房地产行业的暴利时代即将终结，土地增值税对暴利的调节作用不复存在。长期内，在全面实行增值税后，建议取消土地增值税，完善地方税种，开征符合经济发展和社会实际情况的新地方税种。

（2）开征保有环节税收制度，完善地方税种。针对房地产行业及存量房地产的房产税应成为地方税收收入的重要支柱。代替取消土地增值税后，平衡地方政府财政收入的减少而造成财政赤字。同时，在中央与地方政府间，逐渐规范财权与事权的结构，适当调整增值税的分配比例。强化财政支出的管理，规范特定地方税收收入的支出范围。

参考文献：

[1] 窦清红. '94 税改 20 年：回顾与展望 [J]. 税务研究，2013（12）.

[2] 吕炜. 中国新一轮财税体制改革 [M]. 大连：东北财经大学出版社，2013.

[3] 李晶. 中国房地产税收制度改革研究 [M]. 大连：东北财经大学出版社，2013.

[4] 刘红梅，胡海生，王克强. 中国土地增值税清算政策影响探析 [J]. 税务研究，2013（2）.

[5] 高培勇. "营改增"将引领税制三大变革 [J]. 党政论坛：干部文摘，2013（1）.

光华财税年刊 （2012—2013）

Annals of China Public Finance

结构性减税对乡镇工业企业税负的影响

——基于行业面板与省际面板数据的实证分析

■ 熊筠竹　吴良艳　张　雪[*]

内容提要：本文实证分析了结构性减税对乡镇工业企业税负的影响，通过比较结构性减税前后（2007—2010）全国及各省市的平均税负，分析了结构性减税对税负的影响，发现结构性减税使乡镇工业企业税负下降。采用个体固定效应模型对影响税负率的具体因素进行回归，结论是税收政策变化、劳动者报酬比重与通货膨胀率对全国乡镇工业企业的税负率有显著影响，通过比较行业面板与省际面板数据的回归结果，发现税收政策变化确实是影响乡镇工业企业税负率的重要因素，同时地区差异也会对企业税负率造成一定影响。

关键词：结构性减税　乡镇企业　增值税转型　税负率　个体固定效应模型

一、引言及文献综述

党的十八大强调"要坚持走中国特色新型城镇化道路"，而乡镇工业企业的发展是新型城镇化的重要助推器。乡镇工业企业能解决农民的非农就业问题，对于因农民工进城而产生的城市就业压力、

---

* 熊筠竹、吴良艳、张雪，西南财经大学财税学院本科生。

人口急速膨胀等问题有一定的缓解作用；乡镇工业企业的发展会增加有效供给，在一定程度上能支持农村农业生产；乡镇工业企业是小城镇经济的主要支柱，对新农村建设、新型城镇化的建设都起到了推动作用。统计显示，2010 年乡镇企业工业增加值为 77 693 亿元，占全国工业增加值的比重由 46.2% 上升到 48.5%，提高了 2.3 个百分点；2010 年乡镇工业企业的上缴税金占全国上缴税金的 8.483%；从业人员共 15 893 万人，占全国就业人口的比重由 2005 年的 18.8% 上升到 20%。乡镇工业企业在县域经济中的作用日益突出，已然成为县域经济的支柱。2009 年全国实施了"结构性减税"，改革的内容包括增值税转型、个人所得税免征额提高等一系列措施，但企业的税负是否降低了呢？本文将通过对行业面板数据与省际面板数据的分析，研究结构性减税对乡镇工业企业税负的影响。

近年来有很多学者在研究结构性减税对企业税负的影响，主要研究方向有以下四个方面：

（1）企业税收负担的计量及影响因素。Zimmerman（1983）用企业规模来代替企业的政治成本，分析企业所得税的实际税率，得到的结论是企业规模与税负率呈正相关关系。Shivlin 和 Porter（1992）指出公司实际税负水平因所处地域不同而有所不同。Kenneth A. Kim，Piman Limpaphayom（1998）探讨在中国香港、韩国、马来西亚、中国台湾和泰国的实际税率与企业规模之间的关系，结论是研究结果对有效税率衡量方法和研究期间的选择是敏感的，盈利能力可以作为一个潜在相关的因素来解释实际税率。Grant Richardson，Roman Lanis（2007）基于对澳大利亚税收政策变化后企业实际税率决定因素的分析，发现企业税负不仅受到税制改革的影响，还会受到企业规模和资本结构的约束。Xing Liu，Shujun Cao（2007）采用 425 家在中国股市中的上市公司从 1998—2004 年这七年间的面板数据，通过确定可能的决定实际税率的因素并使用定量分析和面板估计与随机效应模型分析，他们认为公司规模与资本密集程度没有显著关系，但是过多雇佣会导致实际税负的变化。国内的学者同样开展了研究：孙玉栋（2005）发现我国公司税收负担会因地域不同表现出明显的不平衡，东南沿海与中西部地区差异明显。谭康（2008）通过对宏观税负影响因素的分析后认为，企业的税负不仅受到企业自身的影响，如企业规模、资产收益率、总产值等，还受到宏观的经济环境的影响，具体影响因素包括 GDP、政策约束和地域等。李永刚（2011）指出物价水平、课税成本、人口结构与课税基础均会影响企业的税负，这四种因素具体通过"通货膨胀率、城市人口比重、成年人口中受过基础教育的人口比重、退休人口比重、进出口贸易总量占 GDP 的比重、农业产值占 GDP 的比重、增值税、消费税等各税种的比重"作用于税制模式和税负水平。

（2）税制改革对企业税负的影响。最近研究如中国人民银行成都分行调查统计处课题组（2012）认为，"在现行的税收结构中，增值税和企业所得税税收份额的增加会扩大经济总体规模；营业税和个人所得税税收份额的增加会降低经济总体规模；资源税税收份额的增加对经济总体规模的影响不显著。"这就显示税制改革并非总是有利于企业的。孙健、张春海和李鹏（2012）利用协整检验方法、方差分析模型分析了1978—2009年间乡镇企业的税收负担和利润水平，结论是从短期来看，税负会影响企业盈利情况；但从长期来说，二者存在均衡关系。

（3）税收政策对乡镇企业的影响。代表人物如许善达（1987）通过分析1984年前后税收政策和税收负担情况，结论是乡镇企业的实际税负下降。许建平（1989）分析了1980年以来财税政策方面对于乡镇企业的优惠，陈太坑（1995）对比1994年税制改革前后福建省乡镇企业的税负，发现此次税制改革后某些行业享受到了税收优惠，但也有一些行业的税负反而上升了。陈向东（1994）以连江市为例，阐述了新税制对乡镇企业经济运行的影响。从上面的综述可以看出，分析税收政策对乡镇企业影响的文献大多集中在1994年以前，近些年来分析税制改革对乡镇企业影响的文章越来越少。

（4）结构性减税对企业的影响。李桂萍、刘薇（2013）通过构建含税的资本成本模型分析认为，结构性减税对企业资本成本的降低有显著影响。范竹青（2013）以福建省为例分析了结构性减税给企业带来的影响，实证表明结构性减税对企业投资的拉动作用明显，但同时宏观税负上升了。贾康（2013）分析了当前财税政策对于促进中小企业融资存在的难题。赵惠敏、蔺大勇（2012），邱峰（2012）等从不同方面分析了结构性减税对中小企业的影响。现在的文献中，研究结构性减税的经济效益的文献很多，但缺乏对乡镇工业企业税负的分析。

二、乡镇工业企业及结构性减税

（一）乡镇工业企业的界定

《中华人民共和国乡镇企业法》将"乡镇企业"定义为农村集体经济组织或者农民投资为主，在乡镇（包括所辖村）举办的承担支援农业义务的各类企业。而乡镇工业企业是乡镇企业中从事工业商品生产经营活动，经济上实行独立核算、自负盈亏，法律上具有法人资格的各类企业。按照国家统计局《国有经济行业分类》（GB/T4754-2002）的分类方式，我国乡镇工业企业可以划分为采矿业、制造业、电力、燃气及水的生产和供应业三大类。其中，采矿业包括煤炭开采和洗选业等5个行业；制造业包括农副食品加工业、废弃资源和废旧材料回收加工业等29个行业；电力、燃气及水的生产和供应业包括电力、热力的生产和供应业3个行业。

（二）结构性减税的内容及相关政策

结构性减税就是"有增有减，结构性调整"的一种税制改革方案，是为了达到特定目标而针对特定群体、特定税种来削减税负水平的一种制度。结构性减税旨在从量上削减税负水平，主要是从优化税制结构、服务于经济增长和经济发展方式转变的要求着手，其落脚点是减轻企业和个人的税收负担。2009年开始的结构性减税的重头戏是增值税转型和个人所得税免征额的提高。增值税转型改革是我国历史上单项税制改革减税力度最大的一次，企业新增机器设备类固定资产所含的进项增值税税金准予在计算销项税额时抵扣。增值税转型不仅可以拉动投资，促进产业结构升级优化，解决企业创新不足的问题，而且可以理顺税制关系、完善税制，符合国家财税体制改革的整体思路。个人所得税免征额提高对于降低企业税负也有一定作用，因为企业员工的个人所得税一般是由企业代扣代缴，故免征额提高的作用路径是通过减少企业代缴的个人所得税而减少企业的上缴税金，且个人所得税提高将会增加劳动者收入，提高劳动者的工作积极性，有利于企业经济效益的提高。

（三）乡镇工业企业税负状况

在乡镇工业企业的三大类别中，制造业的营业收入占乡镇工业企业总营业收入的90%以上；制造业上缴税金也占乡镇工业企业总上缴税金的90%左右。可见，制造业在乡镇工业企业中占有举足轻重的地位。乡镇工业企业的税负大致保持在3%左右，略高于乡镇企业的税负，但低于全国工业企业的税负〔根据税负的一般确定方式，本文中涉及的税负的计算公式延用安体富（1999）的企业税负计算公式：税负率=上缴税金÷营业收入〕。其特点主要表现为：不同行业的税负结构不同，但是大致以增值税和企业所得税为主，其他税种为辅。表1为结构性减税前后（2007—2010）全国乡镇工业企业各行业平均税负表。

表1　　　　　全国乡镇工业企业各行业 2007—2010 年平均税负率表

行业 \ 年份		2007	2008	2009	2010	行业 \ 年份	2007	2008	2009	2010
采矿业	煤炭开采和洗选业	6.34	6.58	7.33	7.12	非金属矿采选业	4.14	4.18	4.71	4.31
	黑色金属矿采选业	7.08	8.74	6.90	6.33	其他矿采选业	3.89	3.57	3.56	3.84
	有色金属矿采选业	4.57	4.87	4.81	4.61					
制造业	农副食品加工业	1.70	1.65	1.74	1.61	塑料制品业	2.56	2.66	2.81	2.51
	食品制造业	2.99	3.18	3.33	2.96	饮料制造业	4.82	5.21	5.23	4.73
	有色金属冶炼及压延加工业	2.58	2.62	2.77	2.45	黑色金属冶炼及压延加工业	2.84	2.89	2.67	2.37
	纺织业	2.41	2.36	2.63	2.45	非金属矿物制品业	3.51	3.55	3.73	3.47
	纺织服装、鞋、帽制造业	2.83	2.70	3.09	2.97	皮革、毛皮、羽毛（绒）及其制品业	2.61	2.76	2.66	2.59
	金属制品业	2.73	2.71	3.01	2.83	通用设备制造业	3.14	3.21	3.62	3.06
	木材加工及木、竹、藤、棕、草制品业	2.69	2.60	2.91	2.59	专用设备制造业	3.21	3.07	3.62	3.29
	家具制造业	2.87	2.64	2.77	2.66	交通运输设备制造业	3.32	0.33	3.68	3.31
	造纸及纸制品业	3.34	2.60	3.18	2.89	电气机械及器材制造业	3.12	2.78	3.11	2.63
	印刷业和记录媒介的复制	4.11	3.37	3.97	3.35	通信设备、计算机及其他电子设备制造业	1.34	1.41	1.77	1.62
	文教体育用品制造业	2.46	2.36	2.77	2.60	仪器仪表及文化、办公用机械制造业	2.93	2.78	3.56	2.78
	石油加工、炼焦及核燃料加工业	4.91	5.76	4.89	3.82	工艺品及其他制造业	2.97	3.19	3.05	2.72
	化学原料及化学制品制造业	2.98	3.06	3.34	3.12	废弃资源和废旧材料回收加工业	3.31	2.89	3.98	2.57
	医药制造业	4.39	4.59	5.25	4.53	橡胶制品业	2.70	2.71	2.76	2.62
	化学纤维制造业	1.96	2.34	2.10	2.28					

表1（续）

行业 / 年份		2007	2008	2009	2010	行业 / 年份	2007	2008	2009	2010
电力、燃气及水的生产和供应业	电力、热力的生产和供应业	5.25	4.73	6.06	4.46	燃气生产和供应业	4.78	4.16	4.02	3.29
	水的生产和供应业	5.10	3.90	4.74	4.16					
	平均	2.93	2.81	3.20	2.90	方差	1.52	2.24	1.64	1.31

注：表中数据根据 2008—2011 年《中国乡镇企业及农产品加工业年鉴》中的有关数据整理而成。

通过观察表1中各年税负的方差可知，这四年间行业间税负呈集中趋势发展，表明结构性减税取得了一定的成果。且从全国范围内来看，只有黑色金属矿采选业与燃气生产、供应业两个行业的税负是在不断下降的，没有行业的税负持续上升。其余行业的税负存在一定的波动性，大体表现为先增后减，总体下降。具体来看：

1. 全国乡镇工业企业税负

从表1中可以看到在实施结构性减税前（2007年、2008年两年），乡镇工业企业的平均税负分别是2.9328%、2.8051%。结构性减税后（2009年、2010年两年）的平均税负分别是3.2001%与2.8965%。由此可见，结构性减税前后乡镇工业企业的税负变动幅度较小，但总体税负呈现下降趋势。2008—2009年时税负有一个突增，随后下降至接近结构性减税前的水平。各行业的税负率方差虽有波动，但仍处于不断减小的过程中，说明各行业税负率差距逐渐缩小。采矿业、电力、燃气及水的生产和供应业的税负率虽明显超过全国乡镇工业企业平均税负率，但是其税负率降幅明显，制造业行业的税负保持在较为稳定的水平。在制造业中，劳动力密集型产业如纺织业、家具制造业等行业的税负略低于全国平均税负水平；国家支持的某些高新技术产业，如通信设备、计算机及其他电子设备制造业等行业的税负也明显低于全国平均税负水平，这体现了国家政策对于这些行业的税收政策支持。

2. 各地区乡镇工业企业税负

由图1可知，在2007—2010年期间，就全国而言，采矿业的平均税负率有逐渐下降的趋势；电力、燃气及水的生产和供应业的平均税负率波动较大；制造业的平均税负率维持稳定，波动较小。其中，虽采矿业的平均税负率不断下降，电力、燃气及水的生产和供应业的平均税负率波动较大，但是仍然高于全国乡镇工业企业的平均税负率；制造业的税负率略低于全国乡镇工业企业平均税负率。

东部地区乡镇工业企业的税负率和全国乡镇工业企业的税负率呈现同向性变化。虽然采矿业的平均税负率高于全国采矿业平均税负率，但是波动幅度相差不大；电力、燃气及水的生产和供应业的平均税负率也与全国该行业的平均税负率保持同向变化，且税负率接近；东部地区制造业平均税负率和全国制造业平均税负率的折线图接近重合。

中部地区乡镇工业企业的采矿业税负率变动趋势及大小接近于全国采矿业平

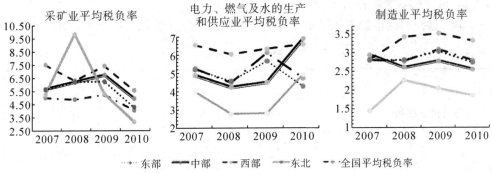

图1　全国各地区乡镇工业企业分行业2007—2010年税负率折线图

均税负率；电力、燃气及水的生产和供应业税负率虽然高于东北地区乡镇工业企业电力、燃气及水的生产和供应业平均税负率，但是变动趋势与其类似；制造业的税负率变化趋势及大小接近全国制造业平均税负率。

西部地区乡镇工业企业采矿业、电力、燃气及水的生产和供应业、制造业的平均税负率均高于全国税负水平，但变动趋势存在些许差别。

东北地区乡镇工业企业采矿业平均税负率变动剧烈。该地区电力、燃气及水的生产及供应业的平均税负率在结构性减税前低于全国平均水平，在结构性减税之后逐步上升，后高于全国平均水平；制造业的平均税负率低于全国平均税负率，虽在结构性减税前逐步上升，但是在结构性减税后却呈现逐步下降的趋势。

三、结构性减税的效果分析

（一）模型设置及指标选取

1. 模型设置

依据 Grant Richardson，Roman Lanis（2007）和谭康（2008）对企业税负影响因素的研究，结合可得到的数据，建立面板数据模型如下：

$$ETR_{it} = C + \beta_1 Policy_{it} + \beta_2 Salary_{it} + \beta_3 Facility_{it} + \beta_4 Production_{it} + \beta_5 IR_{it} + \beta_6 GDPGR_{it} + u_{it}$$

依照《中国乡镇企业及农产品加工业年鉴》中的行业分类标准，选取乡镇工业企业2007—2010年的相关数据作为此次研究的样本。这是考虑到"结构性减税"于2009年1月1日开始实施，以2007年、2008年两年的乡镇工业企业税负率作为税收政策变化的税负率参照系，2009年、2010年则反映税收政策变化的观测值。为保证数据的有效性，根据本文研究目的，我们对原始样本按以下标准进行筛选：由于我们将外部环境动态性作为影响因素之一，因此我们选择2007—2010年的通货膨胀率和GDP增长率来反映这段时期的宏观经济状况，以确保研究的准确度。最终的研究样本分为涵盖37种行业的乡镇工业企业与分省的乡镇工业企业，样本数据主要来自2008—2011年的《中国乡镇企业及农产品加工业年鉴》、2012年的《中国统计年鉴》以及国家统计局网站，经笔者手工摘录、整理。

2. 指标选取及解释

本文选择的变量如表 2 所示。对于数据作以下几点说明：

表 2　　　　　　　　　　　　**变量的描述及定义**

	变量	定义	数据来源
被解释变量	税负率（ETR）	上缴税金÷营业收入（%）	《中国乡镇企业及农产品加工业年鉴》
解释变量	税收政策变化（POLICY）	虚拟变量，当税收政策变化后，取值 1，否则取值 0	笔者根据文献确定
	劳动者报酬比重（SALARY）	分行业劳动者报酬÷乡镇工业企业劳动者报酬（%）	《中国乡镇企业及农产品加工业年鉴》
	设备投资比重（FACILITY）	分行业当年设备投资额÷本年完成投资额（%）	《中国乡镇企业及农产品加工业年鉴》
	产值占 GDP 比重（PRODUCTION）	工业企业产值÷现价GDP（%）	《中国乡镇企业及农产品加工业年鉴》、《中国统计年鉴》
	通货膨胀率（IR）	价格指数-1（%）	国家统计局网站
	GDP 增长率（GROWTH）	（本年 GDP-上年 GDP）÷上年 GDP（%）	国家统计局网站

（1）被解释变量

ETR 为税负率，它是衡量企业实际税负的通行指标。本文使用企业上缴税金与营业收入的比值来反映企业的税负，主要是基于企业上缴税金包含许多税种，而各税种的计税依据不同，且企业收入具有波动性，不适合用利润总额来进行计算的考虑。

（2）解释变量

POLICY：基于周黎安、陈烨（2005）设定虚拟变量来反映政策变动的方法，将税收政策变化的当年及其以后取值 1，否则取值 0。

SALARY：劳动者报酬比重不仅会影响企业上缴的个人所得税，还会影响劳动者的就业倾向，进而对企业的效益产生一定影响。

FACILITY：这一解释变量的设定，主要是基于 Gupta，Newberry（1997）发现资本密集度与实际税率之间的确存在负相关关系。由于 2009 年实施"结构性减税"的主要政策是增值税转型，猜测投资固定资产较多的工业企业税负受这一政策的影响较大。

PRODUCTION：这一变量可以反映公司规模和生产能力，它等于工业企业产值占 GDP 的比重。现有研究在实际税率和公司规模的关系方面，尚未得到比较一致的结论，Zimmerman（1983），Gupta and Newberry（1997），Kern and Morris（1992），Wilkie and Limberg（1990）发现实际税率与公司规模之间存在显著的正相关关系，Kim and Limpaphayom（1998）发现它们之间存在显著的负相关关系，而 Shevlin and Porter（1992）没有发现它们之间存在显著的相关性。

IR：沿用谭康（2008）、李永刚（2011）对宏观税负影响因素的分析，宏观经济环境会影响一些税种的征收，通货膨胀率作为反映宏观经济状况的指标，会通过影响生产成本、融资能力等来影响企业的整体税负水平，进而作用于企业税负率。在分析行业面板数据时选用的通货膨胀率等于工业生产者出厂价格指数减 1，而分析省际面板数据时通货膨胀率等于分省工业生产者出厂价格指数减 1。

GROWTH：在谭康（2008）、李永刚（2011）对宏观税负影响因素的分析中，GDP 增长率同样会影响企业的税收负担。在行业面板数据中使用的是 2007—2010 年全国的 GDP 增长率，而省际面板数据中使用的是 2007—2010 年各省的 GDP 增长率。

因此，将税收政策变化、劳动者报酬比重、设备投资比重、产值占 GDP 比重以及通货膨胀率和 GDP 增长率设定为解释变量。

（二）实证结果及分析

1. 基于行业面板数据的实证分析

根据相关数据，计算得到 2007—2010 年行业面板数据。以税负率为因变量，以 6 个设定指标为解释变量，用 Eviews7.2 分别对本文的面板数据进行混合截面回归、个体固定效应回归、Hausman 检验。Eviews7.2 报告的各统计量为混合估计模型的残差平方和 $SSE_r = 201.5082$，固定效应模型的残差平方和 $SSE_u = 10.47712$，计算 F 统计量得 $F_{个体} = 55.712455$，$H = 6.581$，设定显著性水平 $\alpha = 0.05$，查表得 $F_\alpha(37, 148) = 1.491491$，$\chi_\alpha^2(6) = 5.99147$，综合比较可知，应选用个体固定效应模型。在建立个体固定效应回归模型的基础上，分析其回归结果，剔除其中显著性较差的因素，优化回归模型。两个模型的回归结果见表 3。

由表 3 知，一般模型与优化模型的分析结果基本一致，所有显著性变量的相关系数的符号在两个模型中相同，显著水平比较接近。这在一定程度上表明，模型能基本反映影响税负率的因素及影响程度。

表 3　　　　　　　　行业税负率回归结果（2007—2010）

解释变量	被解释变量 ETR			
	一般模型		优化模型	
	相关系数	t-统计量	相关系数	t-统计量
C	4.324437	10.42128**	4.194444	11.27925**
POLICY	−0.711531	−5.191412**	−0.676690	−5.107558***
SALARY	0.125458	2.879000***	0.135356	3.218442***
FACILITY	−0.359282	−1.057344	−0.158746	−1.137034
PRODUCTION	0.003734	0.661981		
IR	0.368316	6.025706***	0.460664	6.189121***

表3（续）

解释变量	被解释变量 ETR			
	一般模型		优化模型	
	相关系数	t-统计量	相关系数	t-统计量
GROWTH	−0.011917	−0.753606		
R^2	0.955395	0.954915		
Adjusted R^2	0.937553	0.938061		
Prob（F-stat）	0.000000	0.000000		
Durbin-Watson	2.678008	2.684179		
Observations	148	148		

注：***、**和*分别表示在1%、5%和10%水平上显著。

通过考察显著性变量可以发现，税收政策变动（POLICY）对乡镇工业企业的税负是有显著影响的，说明"结构性减税"确实对乡镇工业企业的税负率产生了作用，税收政策变动1个单位时，乡镇工业企业的税负率将平均下降0.711531个单位。这与杨斌等（2005）得到的结论是一致的。结合表1来看，全国乡镇工业企业采矿业、电力、燃气及水的生产和供应业的税负率大幅下降，而制造业的税负保持稳定。因为制造业中大多为劳动力密集型产业（如农副食品加工业、纺织业等），即本次结构性减税对劳动力密集型产业的税收减免力度较小，无法减轻这些行业的税负压力。主要表现为：增值税转型对资本密集型产业的影响较大，在"结构性减税"实施过程中，个人所得税的免征额虽有提高，但对于降低劳动力密集型产业的税负效果并不显著。采矿业、电力、燃气及水的生产和供应业的平均税负降低，这两个行业中的企业大多是垄断企业，这些企业的税负降低不利于行业结构的合理调整。2009年虽然较2008年结构性减税之前的采矿业、电力、燃气及水的生产和供应业的平均税负有了明显提高，但是在2010年平均税负却出现了较大幅度的下降，这种趋势不利于构建节约型社会及生态文明，垄断企业的税负降低也不利于中小企业的健康发展。

劳动者报酬比重（SALARY）和设备投资比重（FACILITY）对乡镇工业企业的税负率（ETR）具有显著作用，表明增值税转型对税负的影响更为明显，达到了改革的预期目的，企业整体的盈利能力得以提升。杨震、刘丽敏（2006）也验证了这一结论。当设备投资比重变动1个单位时，乡镇工业企业的税负率将平均下降0.359282个单位。也就是说，如果其他条件不变，增值税转型确实能使乡镇工业企业的税收负担降低，乡镇工业企业的税负率将最终表现为下降。产值占GDP的比重（PRODUCTION）对企业的税负率没有显著影响。

通货膨胀率（IR）是外部环境指标，对企业税负率有显著影响，且其作用效果与预期相符［税负率（ETR）与通货膨胀率（IR）成正比］——毕竟通货膨胀的高低会影响企业生产经营决策，而企业的上缴税金又会由其生产经营决策来决定。但 GDP 增长率（GROWTH）对企业的税负率影响并不十分显著。

虽然国家实行了结构性减税的相关政策，但是却并没有使乡镇企业制造业的平均税负下降。这加大了乡镇制造企业的生存压力，由于乡镇制造企业本身竞争力不强，且很少有国家资金支持，因此在市场竞争中处于不利地位。且中国的乡镇工业企业中的制造业大多是劳动密集型、技术水平低的企业，税负的增加不利于缓解乡镇就业难的问题。

2. 基于省际面板数据的实证分析

通过对比表 3 与表 4 可以看出，除了上面分析的税收政策变化等因素对乡镇工业企业的税负水平的影响显著之外，地域因素的作用也十分明显。通过省际面板回归结果分析，税收政策变动（POLICY）对乡镇工业企业的税负率（ETR）是有显著影响的，说明"结构性减税"确实会对乡镇工业企业的税负率产生作用。这一结果与通过行业面板数据分析所得结论一致，再次印证了税收政策对乡镇工业企业的税负存在正向影响。

表4　　　　　　　　　　省际税负率回归结果（2007—2010）

解释变量	被解释变量 ETR			
	一般模型		优化模型	
	相关系数	t-统计量	相关系数	t-统计量
C	3.370019	4.292121***	3.420101	4.381360***
POLICY	−0.654986	−2.429949**	−0.689726	−2.578130**
SALARY	0.005734	3.265971***	0.006047	3.494871***
FACILITY	−0.000229	−0.010867		
PRODUCTION	0.023839	1.034146		
IR	0.044073	1.745080*	0.043204	1.711076*
GROWTH	−0.092388	−3.709648***	−0.089843	−3.624057***
R^2	0.938468		0.937533	
Adjusted R^2	0.912639		0.912394	
Prob（F-stat）	0.000000		0.000000	
Durbin−Watson	2.186264		2.247146	
Observations	116		116	

注：①由于数据缺失严重，在省际面板数据中剔除了安徽省与西藏自治区；②***、**和*分别表示在1%、5%和10%的水平上显著。

劳动者报酬比重（SALARY）对乡镇工业企业的税负率（ETR）具有显著作用，说明个人所得税改革对企业税负的变动也会产生影响。这与之前分析的行业面板数据所得结论一致，但是由于地区间收入差距较大，因此省际数据回归结果不如行业数据回归结果显著。设备投资比重（FACILITY）对乡镇工业企业的税负率（ETR）的作用不显著，与行业数据面板分析所得结论不同。主要原因可能是：虽然各省行业结构差异较大，但不同省份的工业企业设备投资比重是大致相当的，因此基于省际数据面板回归分析，可以认为设备投资比重（FACILITY）对乡镇工业企业税负没有显著影响。产值占 GDP 的比重（PRODUCTION）对企业税负率没有显著影响，这与行业面板数据回归结果一致。

通货膨胀率（IR）依然是引用的外部指标，旨在分析宏观经济对乡镇工业企业税负的影响。通过省际面板数据回归分析，可以发现通货膨胀率对乡镇工业企业税负率的影响是显著的，这与行业模型中所得结论一致，也证明了随着通货膨胀率的提高，乡镇工业企业的税负率提高。这与张文春、刘宇（2001）分析的物价水平对税负的影响结果是一样的。同时在省际面板数据中，GDP 增长率的作用效果显著，相比行业面板数据回归结果有所变化。分析其原因，可能是分析行业数据使用的是全国的 GDP 增长率，忽略了各行业对 GDP 增长的贡献率差异，而省际数据中使用的是各省的 GDP 增长率，地区间差异得以显现，因而结果有所变化。

对比省际模型与行业模型的回归结果发现，税收政策变化确实对乡镇工业企业的税负率有显著影响。利用不同的面板数据进行分析所得结果的一致性，进一步证明了结果的可靠性。

四、结论及启示

通过优化的个体固定效应模型对行业面板数据和省际面板数据的实证分析，说明结构性减税是影响乡镇工业企业税负率的重要因素，乡镇工业企业的税负率变动明显。在行业回归结果和省际回归结果对比中，当考虑虚拟变量税收政策变动对税负率的影响时，"结构性减税"对企业税负会产生一定的作用这一假设基本成立。研究税负率的影响因素，为评价税收政策的实施效果问题提供了一个新的视角，即从设置虚拟变量以及考虑具体政策作用的对象来评价税收政策变化的影响程度。

随着社会主义市场经济的逐步完善，税制改革过程中的诸多矛盾和问题还需要引起多方的重视。以"结构性减税"来看，一方面要逐步提倡"有增有减，结构性调整"，针对特定群体、特定税种来削减税负水平；另一方面要主张依靠市场力量自发的配置产业结构，以行政和法律相结合的方式降低企业税负、促进产业结构的调整及企业的升级转型。而基于两种面板数据的分析，地区间差异对税收政策实施效果有一定的影响。在行业回归结果中，税收政策对税负的影响较为显著，而从省际回归结果中看，劳动者报酬对税负的影响较为显著。这说明从总体来看，结构性减税效果明显，但是地区间收入差距会影响实施效果。

必须说明的是，本文选用的中国乡镇工业企业数据主要是《中国乡镇企业及农产品加工业年鉴》，统计了 37 个行业的乡镇工业企业的税负率，不能完全概括整个乡镇工业企业的税负状况。并且因为所获得的数据有限，没有考虑人口结构、征税成本等对宏观税负的影响，希望今后能在关于分析税负率的影响因素时做进一步改进，以找寻其他影响宏观税负的因素。

参考文献：

［1］孙玉栋. 我国主体税种税收负担的实证分析［J］. 税务研究，2006（11）.

［2］谭康. 我国上市公司税负的实证分析［J］. 商业经济，2008（12）.

［3］李永刚. 中国税制结构和宏观税负影响因素分析——基于时间序列数据的分析［J］. 东南学术，2011（2）.

［4］许善达. 乡镇企业税收政策走进死胡同了吗——关于乡镇企业税收政策和税负的研究［J］. 农业经济丛刊，1987（4）.

［5］许建平. 财政政策与乡镇企业的发展［J］. 财政研究，1989（1）.

［6］陈太坑. 税制改革对福建乡镇企业的影响及对策［J］. 发展研究，1995（1）.

［7］陈向东. 新税制实施对乡镇企业经济运行的影响［J］. 税务，1994（7）.

［8］中国人民银行成部分行调查统计处课题组. 我国结构性减税及其经济效应研究［J］. 金融发展评论，2012（10）.

［9］孙健，张春海，李鹏. 乡镇企业税收负担、利润水平与农民非农就业——基于协整分析方法［J］. 南京审计学院学报，2012（4）.

［10］李桂萍，刘薇. 结构性减税对资本成本影响研究［J］. 财政研究，2013（5）.

［11］范竹青. 我国结构性减税的效应评析——以福建省为例［J］. 税务研究，2013（2）.

［12］贾康. 财税支持中小微企业发展和融资研究［J］. 现代产业经济，2013（1）.

［13］赵惠敏，蔺大勇. 结构性减税与小微企业发展［J］. 当代经济研究，2012（9）.

［14］邱峰. 结构性减税对小微企业的支持效应评析［J］. 青海金融，2012（4）.

［15］安体富，岳树民. 我国宏观税负水平的分析判断及其调整［J］. 经济研究，1999（3）.

［16］周黎安，陈烨. 中国农村税费改革的政策效果：基于双重差分模型的估计［J］. 经济研究，2005（8）.

［17］张文春，刘宇. 我国不同地区宏观税负差异分析［J］. 经济理论与经济管理，2001（3）.

［18］Zimmerman, J. Taxes and Firm Size［J］. Journal of Accounting and Economics, 1983 (5)：119-149.

［19］Shivlin, T. and Porter, S. The Corporate Tax Comeback in 1987 Some Further Evidence［J］. Journal of the American Taxation Association, 1992 (14)：58-79.

［20］Kenneth A. Kim, Piman Limpaphayom. Taxes and firm size in Pacific-Basin emerging economies［J］. Journal of International Accounting, Auditing and Taxation, 1998 (7)：47-68.

［21］Grant Richardson, Roman Lanis. Determinants of the variability in corporate effective tax rates and tax reform：Evidence from Australia［J］. Journal of Accounting and Public Policy, 2007 (26)：689-704.

［22］Xing Liu, Shujun Cao. Determinants of Corporate Effective Tax Rates——Evidence from Listed Companies in China［J］. The Chinese Economy, 2007 (40)：49-67.

［23］Gupta, S., Newberry, K.. Determinants of the variability in corporate effective tax rate：Evidence from longitudinal data［J］. Journal of Accounting and Public Policy, 1997 (16)：1-39.

[24] Chek Derashid, Hao Zhang. Effective tax rates and the industrial policy hypothesis: evidence from Malaysia [J]. Journal of International Accounting, Auditing and Taxation, 2003 (12): 45-62.

[25] Kern, B., Morris, M.. Taxes and Firm size the Effects of Tax Legislation During the 1980s [J]. Journal of the American Taxation Association, 1992 (14): 80-96.

[26] P. J. Wilkie, P. T. Limberg. The relationship between firm size and effective tax rate: A reconciliation of Zimmerman (1983) and Porcano (1986) [J]. Journal of American Taxation Association, 1990 (11): 76-91.

税收宣传桎梏的制度原因与破解

▌ 徐东风[*]

内容提要： 税收宣传是税务机关纳税服务的重要组成部分，我国税收宣传在普及税法、增强纳税人依法诚信纳税上取得了一定的成效，但宣传工作及其效果还有很大提升空间。当前，税收宣传方式、税收制度设计和公民纳税意识是制约税收宣传效果的主要原因。本文从税收制度改革创新的角度提出了破解税收宣传桎梏的措施，并分析了破解税收宣传桎梏的制度创新效应。

关键词： 税收宣传　税制改革　制度

一、我国税收宣传现状

改革开放以后，我国政府高度重视税收宣传工作。2003 年 3 月，温家宝总理在国家税务总局报送的《关于今年开展第十二个全国税收宣传月情况的报告》上批示，"要加强税收法律法规和税收政策的宣传教育，普及税收知识，强化税收征管，依法打击逃税骗税行为"，"要通过开展税收宣传月活动，进一步增强公民纳税意识，在全社会形成诚信纳税的良好风气"。同年 4 月，谢旭人同志在全国加强税法宣传工作电视电话会议上的讲话中要求，"提高认

---

* 徐东风，大连市国家税务局。

识，加强对税法宣传工作的领导"，并且"采取有效措施，突出宣传重点，营造依法诚信纳税的良好社会环境"。2012 年 3 月，肖捷同志在中国政府网的在线交流中，充分肯定了我国税收宣传的成果与效果。① 在历次税收宣传活动中，各地税务机关的负责人也响应税收宣传工作要求，对税收宣传工作做出指示乃至亲自参与税收宣传活动之中，极大地推动了全国税法宣传活动的开展。

税收宣传是税务机关纳税服务的组成部分。由于税收的专业性和法律性，税收宣传安排成为税务机关工作的重要组成部分。由于税收"恶"的本性，税收宣传效果成为税务征管工作的重要保证。为此，我国每年的税收宣传均投入大量的人力、物力和精力，所采取的税收宣传方式也层出不穷，设台咨询、志愿服务、走乡进户、印发资料、散发传单、街头宣讲、演讲竞赛、有奖问答、知识手册、文艺演出、图片展览、标语对联、广播电视报刊网络等花样繁多的宣传方式和宣传工具在历年的税收宣传中均有运用。作为税法宣传的重要载体，一年一度的税法宣传月也推出相应的活动主题（参见表 1）。高度概括的宣传主题充分强化和突出了税收的重要职能。从税法宣传月的主题变化看，近年来，我国税收宣传的内容与重点集中于诚信与和谐、发展与民生，主管部门对于税收在改革发展、强国富民、和谐发展的职能作用十分重视。

表 1 税法宣传月税收宣传主题（1992—2013 年）

年份	税收宣传主题	年份	税收宣传主题
1992	税收与发展	2003	
1993	税收与改革	2004	依法诚信纳税 共建小康社会
1994		2005	
1995	税收与法制	2006	
1996	税收征管与市场经济	2007	依法诚信纳税 共建和谐社会
1997	税收与文明	2008	
1998	税收管理与依法治国	2009	
1999	依法治税强国富民	2010	税收 发展 民生
2000	税收与未来	2011	
2001	税收与公民	2012	
2002	诚信纳税 利国利民	2013	

多年以来，各级税务机关已经把加强税法宣传教育、普及税法知识作为税收工作中带有基础性、长远性的重要任务，不仅高度重视，把税收宣传摆上重要的议事日程、纳入总体工作安排，而且加强领导，各级主要领导要亲自部署，调动

---

① 蔺红. 国家税务总局局长肖捷到中国政府网与网友在线交流 ［N］. 中国税务报，2012-04-02.

各方面力量，形成了分工负责、部门联动的生动局面。可以说，税务部门对于税收宣传工作不可谓不重视，各地税务机关对于税收宣传工作不可谓不用心；税收宣传的角度越发全方位多视角，税法宣传教育工作水平不断提高，税收宣传的投入也呈逐年上升趋势。应当承认，通过税收宣传月的集中宣传和坚持不懈地日常宣传，税法知识得以解释和普及，征纳双方的沟通与交流得以改善和增进，全社会依法诚信纳税意识得以不断提高。

然而，遗憾的是，多年以来，我国的税收宣传工作虽然凭借日复一日的宣传产生了潜移默化的效果，通过近些年来税务部门不懈的努力确实取得了一些成效，但是在税法宣传工作中至今存在着一些盲点，影响着税收宣传的效果，使得税收宣传呈现宣传时间长、宣传投入大、宣传效果差的局面，不仅宣传效果无法立竿见影，而且不符合宣传产出与宣传投入的配比，甚至常常出现"税法宣传月、月宣传税法"的短期效应，使税法宣传工作流于形式。这成为我国税收宣传工作中多年以来难以突破的桎梏。

二、税收宣传桎梏的制度原因

形成税收桎梏的原因有很多。从浅层次看，临时性宣传多，持久性宣传少；集中性宣传多、经常性宣传少；税务机关单兵作战多、相关部门协作宣传少；宣传活动形式多、宣传效果评估少等问题，均在某种程度上影响着税收宣传力度以及宣传效果的感染力和持久力；从深层次看，商品与劳务税制度设计直接影响着税收宣传工作及成果，甚至成为多年以来税收宣传时间长、宣传时效短的现象的关键原因。

众所周知，公民的纳税意识决定着公民对于税法的执行以及税法执行的效果。推广税收宣传工作的前提是公民纳税意识弱，公民纳税意识弱的原因是其意识不到税收的存在，公民意识不到税收存在的制度性原因，在于我国始终实行以价内税为主体的商品与劳务税制度。

作为我国税收制度的主体税种之一，商品与劳务税体系中包含增值税、消费税和营业税三大主体税。在这三大主体税中，消费税与营业税均采用价内税模式，增值税虽采用价外税模式，但在面对消费税最终消费环节，却体现出了价内税特征。从20世纪90年代末期引进增值税至今，在绝大多数情况下，当公民作为消费者个人取得发票时，普通发票上体现为价税合计数。这就意味着，增值税虽然有价外税的属性，但是在最接近消费者的末端环节，表现的却是价内税的形式。虽然价内税与价外税两种计税模式只是税收的两种不同表现形式，相对于国民收入的分配（税金）没有实质性的区别，但却因其或屏蔽或引导公民的纳税意识而对于税收宣传有着至关重要的影响。显而易见，两种计税模式之中，价内税更具有隐蔽性，税金包含在商品与劳务价值或价格之内，使得消费者在消费商品与劳务、支付商品劳务价款时，对所购买的商品与劳务中包含的税款毫无觉查，对在消费商品与劳务过程中享受到的税收服务也毫无意识，公民在消费过程中缺少税收概念，体验不到价格中含有的法定税收额度，在不知不觉中被动地承担了税收却不了解税收，谈不上主动关注税收，更谈不上在一点一滴中培育纳税意识，进而形成税收方面的权利观念、公开观念、秩序观念和法治观念。可见，现行税收制度尤其是商品与劳务税制度不符合纳税人的偏好，不利于培养公民的纳税意识。

公民的纳税意识是税收文化的沉淀，也是税收制度建设的反应，其形成绝非一蹴而就。税收制度建设的缺陷与不足，直接影响到公民纳税的思维方式。当公民以消费者的身份购买商品或劳务时，本质上是在行使财产分配权。在行使财产分配权时，公民完全有权利参与对自己财产的分配，来决定选择或者放弃购买的商品与劳务以及伴随着的税收负担。价内税的税款隐蔽性无形中剥夺了公民对自己财产的分配权，蒙蔽了公民的税收意识，不仅阻碍了税收立法社会共识的达成，而且加大了税收宣传的难度，影响了税收宣传的效果，甚至还有可能破坏税收法律关系的和谐，导致纳税人与政府或政府相关职能部门之间的利益与权力冲突。

三、破解税收宣传桎梏的制度创新

税收宣传是提高公民纳税意识，促进纳税服务深入开展，提升征管水平的重要措施；是营造良好税收环境，构建和谐征纳关系，建立法制公民社会，促进精神文明建设的重要手段和方式。因此，强化税收宣传效果、关注公民纳税意识，是保证税务部门依法征税、保证税收制度稳定有序的必要保证。由于税收法制建设制约着公民的纳税意识，因此，创新商品与劳务税，实行彻底的价外税，是破解税收宣传桎梏的根本。

（一）破解税收宣传桎梏的制度创新措施

（1）加速扩大营业税改征增值税试点范围。在 2014 年年中，启动金融保险业、生活性服务业营业税改征增值税改革。在 2015 年年初，启动建筑业和房地产业、无形资产营业税改征增值税改革，力争在"十二五"时间内，在全国范围内、全部行业内推广营业税改征增值税，最终实现增值税对营业税的全面替代；将商品与劳务税体系简化为以增值税、消费税为主体的税收体系（参见表2）。

表2   商品与劳务税体系主体税种设置与模式

改革前		改革后	
特点	主体税种	主体税种	特点
价外税	增值税	增值税	价外税
价内税	营业税	消费税	
	消费税		

（2）参照增值税价外税制度的设计原理，彻底改革消费税计税方式。在制度设计上，将由销售方承担税款调整为由购买方承担税款，使销售方取得的货款之中不仅包括销售款，还包括税款。通过制度的设计消除消费税的价内税特征，直

接以税款的多少吸引纳税人的注意力，引导公民了解税种安排、制度设计等更深层次的税收安排，由被动地接受税收转到主动地关注税收。

（3）在面对消费者的零售环节上，改革增值税和消费税发票的票样，在普通发票的设计上将价税合一的形式改革为价税分开形式，以价税分离方式在终端环节体现出增值税和消费税的价外税特征，通过消费税清晰地看到购买的商品或劳务所承担的税款，直观地了解消费行为所承担的税负，让税收的意识在公民心中扎根开花。

（二）破解税收宣传桎梏的制度创新效应

上述制度创新至少有五个方面的好处：

（1）有助于培养公民的纳税意识和责任。公平是最低的道德伦理标准，是税制创立和建设的首位，也是税制科学、合理的灵魂所在，而公开是公平的重要途径。税收的公开既包括税收制度的公开，也包括税负水平的公开。全流通环节的价税分离的制度设计让公民在每次消费中均意识到所支付的价格中有一定比例的税收，使得消费者在消费之时即明确了税收的存在和比例，对税收有了亲密接触与切身感受，进而在自己的经济利益与国家的税收之间确立了紧密的联系。当公开透明的税款额度、税负水平展现在公民面前时，公民的纳税意识才能得以产生、培养、巩固和发展。当公开的税收制度和税收水平成为纳税意识的保证时，强制课征的税收才能转变为公民自觉的纳税行为，进而在制度上确保公民根据自己的纳税能力来资助政府的经费开支，按照其在国家保护下所获得收入的比例自行、自觉地缴纳税款。也只有当公民的纳税行为成为一种自觉的意识和自行的选择的时候，税收宣传的桎梏才能最终得以破解。

（2）有助于培养公民的税收权利意识。税收宣传的目的在于通过宣传活动使得纳税人由不了解税收到认识税收、熟悉税收、接纳税收、依法缴纳税收，并且拥有纳税人税收方面的合法权益。通过税收制度创新，民众在依法履行纳税义务过程中不仅具备了纳税意识，更认识到了与纳税义务对称的税收权利，在履行纳税义务的同时，格外看重同时具有的受告权、申诉权、请求保密权、延期税收申报权、减免税申请权、延期缴纳税款权、申请行政复议权、诉讼权等税收权利，从而有助于纳税人维护自身的合法权益不受侵害。通过这些观念的逐渐确立，公民个体意识中长期存在的等级观念、权力本位、义务本位、人治观念将得到有效调整，从而形成对整个社会的理性认识。

（3）有助于改革和完善税务行政行为模式，督促税务机关依法行政、依法征收。

（4）有助于提高政府财政支出的合理性，提高纳税人的财政公平感，使政府财政支出处于民众和法律的监督之下，政府用税行为得以规范。

（5）有助于从根本上解决社会腐败问题。

经济增长、政府财政收入与财政体制改革

■ 曾康华 耿 拓*

内容提要： 本文分析了 1978—2012 年 31 个省、直辖市、自治区的地方人均 GDP、地方产业结构对地方财政收入的影响，并通过所构建的模型中以交互项形式添加虚拟变量的手法研究了财政体制改革对政府财政收入的效应。分析表明：地方人均 GDP、人均财政收入、地方第二产业增加值占 GDP 的比重三个变量通过了协整检验，存在长期稳定的均衡关系。结果显示：经济增长、财政体制改革均有助于我国地方政府财政收入的增长。

关键词： 经济增长　政府财政收入　财政体制改革

一、引言及文献综述

1978 年以来，全国及东、中、西部地区[①]的经济和财政收入得到了迅速增长，1978—2012 年全国 GDP 年均增长率达到了 15.91%，在 2010 年我国也一举成为了世界第二大经济体，东、中、

---

* 曾康华，中央财经大学财政学院教授；耿拓，中央财经大学财政学院硕士研究生。
① 东部地区包括北京、天津、河北、辽宁、上海、江苏、浙江、福建、山东、广东、海南 11 个省、直辖市；中部地区包括山西、吉林、黑龙江、安徽、江西、河南、湖北、湖南 8 个省；西部地区包括重庆、四川、贵州、云南、西藏、陕西、甘肃、宁夏、青海、新疆、内蒙古、广西 12 个省、直辖市、自治区。

西部地区 GDP 年均增长率分别为 16.56%、15.67% 和 16.05%。与此同时，政府财政收入规模不断扩大，全国财政收入年均增长率 21.19%，东、中、西部地区财政收入年均增长率分别为 12.74%、12.50% 和 14.17%。由此可见，全国财政收入增速要大大高于全国 GDP 增速，而东、中、西部地区刚好相反，这一时期 GDP 的增速要高于财政收入的增速。固然，全国财政收入增速超过全国 GDP 增速受到多种因素的影响，但财政体制的改革无疑是一个重要的影响因素。尤其是 1994 年我国实行了分税制改革，进一步划分了中央政府和地方政府之间的财权和事权，调动了中央、地方两个积极性，在很大程度上提高了财政收入的增速。进一步看，我国人口政策也通过影响劳动力结构等途径来影响财政收入的增长。所以，本文把人口和财政体制改革因素纳入到分析全国及东、中、西部地区 GDP 和财政收入关系的框架。

近十年来国内一些学者对财政收入问题进行了大量研究。曲振涛、周正（2004）用财政收入增长率、GDP 增长率、全国财政边际收入率、全国财政平均收入率等指标分析了我国财政收入和 GDP 的变动，指出财政收入增速高于 GDP 增速的原因有统计口径、政策、税制、经济效益、既得利益和征收管理等。贾康、苏明（2008）从多方面分析财政收入高速增长的原因，结合我国经济社会发展现阶段政府职能合理化及完善财政调控的要求，说明财政收入近年来持续高速增长的客观必然性。并将 GDP 割裂为第一、二、三产业 GDP，分析了不同部分的 GDP 对财政收入的贡献，这也为本文提供了变量选取的思路。马海涛、曾康华（2010）在数理分析省际人均财政收入差异形成的基础上，利用人均财政收入和人均 GDP 的数据，构建三线段回归模型，实证分析了 1978—2008 年期间中国 4 次财政体制改革对 30 个省、市、自治区政府人均财政收入变动的影响和人均财政收入差异形成的轨迹。研究的结论是：中国财政体制改革有利于缩小省际人均财政收入的差异，对实现公共服务均等化具有积极的促进作用。王华、柳光强（2010）从中央与地方财政收入比重变化、分级财政收入增长速度描述分析它们的变动规律，并划分为 1983—2003 年、1984—1993 年和 1994—2003 年三个时期，对分税制下财政收入增长与经济增长关系进行了实证分析。结论是：中央与地方政府的财政收入与经济增长之间影响显著，曾康华（2011）分析了人口、财政体制改革对地方人均财政收入变动的影响，并利用这一原理实证考察了 1978—2008 年中国地方政府人均财政收入的变动趋势，而且通过建立面板数据模型，研究了地方人均财政收入差异的变动情况。结果表明：中国从 20 世纪 80 年代以来实施的计划生育政策和 4 次财政体制改革，促进了中国地方经济和地方政府人均财政收入的增长，有利于缩小地方人均财政收入的差别。马骁等（2012）通过分析人均财政收入、人均 GDP 的基尼系数，分析了人均财政收入差异形成的关键原因是营业税，用截面数据进行主成分分析。结论是：差异形成的核心原因是第三产业的发展，我国区域间人均财政收入差异的形成也受第二、三产业发展的较大影响，并且通过建立面板数据模型也验证了运用主成分分析得出的结论。王美桃（2012）将影响财政收入的主要因素分解为真实 GDP、纯名义 GDP、非 GDP 经济、特殊 GDP，并探究其对财政收入的贡献程度及未来的变化趋势，结果显示真实 GDP 之外的经济变量，对财政收入影响很大，且有进一步扩大影响的可能。徐晓慧、张瑜（2013）选取 2009 年全国 31 个地区的财政收入、税收收入、地区生产总值、地区就业人数 4 个变量，建立一个 4 变量的回归模型，进行估计检验和修正，分析了它们对地区财政收入的影响程度，并得出结论：地区税收收入和地区生产总值是影响地区财政收入的主要因素，就业人数对地区财政收入的影响不明显。

从国外文献来看，学者们对财政收入、人口因素、经济增长之间的研究不胜枚举。Tao Zhang and Heng-fu Zou（1998）设计几个财政分权指标，基于省级数据，通过建立多元回归模型，研究中国省级财政分权与经济增长的关系，发现财政分权削弱了省际的经济增长。Bradley T. Ewing（2006）利用传统协整和误差修正模型，在放松非对称调节过程的情况下，考察了美国联邦财政收入和财政支出的关系，并用门限自回归模型查明预算过程的财政收支的实际联系。实证结果表明：收支之间具有协整关系，预算非平衡的调整过程是非对称的。利用非对称的误差修正模型进行实证分析还显示，仅在预算变得更糟糕时，财政收支预算平衡机制才发生作用。Nathan Nunn and Daniel Trefler（2010）考察了一国关税结构的差异与长期人均 GDP 增长紧密相关的形成机制，这与在技术激励的国家聚焦来自关税的实际利益是相吻合的，但这只解释了 1/4 的理由。在寻求其他的解释理由，通过模型分析发现，关税的技术偏差是如何能够影响一国经济中寻租活动的范围，并且提供了由内生性变量进行解释所提供的证据。Christina D. Romer and David H. Romer（2010）使用纪实性方法，如总统演讲和国会报告，辨明第二次世界大战后所有税收政策的规模、时机和主要动机，这样的分析可以把税收立法的动因分离为哪些是因为经济条件、哪些是受外部原因所引起的，由越来越多的外部原因所引起税收变化的情况显示，税收的增长是收缩的。外部原因对税收变化的影响比起用规范使用的手段来分析税收的影响时要大得多。Zahra Dehghan Shabani（2011）从人口密度、经济时空距离和各地诸如宗教、民族以及语言的分布的视角，构建了一个基于以上因素对区域经济增长影响的分析框架，用含有内生经济增长和资本自由流动的 NEG 模型从理论上分析了对经济增长的影响。Karel Mertens and Morten O. Ravn（2013）估计了美国个人所得税和公司所得税变化的动态效应，辨别了两者之间的变化，在这两个税收的构成中用一种新的描述性解释了联邦税收倾向性的变化，并利用第二次世界大战后的数据拓展了一个估计量，使用这个估计量能够说明受到结构性税收冲击的税收变化。研究结果发现，税收受到冲击的短期效应是大的，在考虑税收对劳动力市场和政府支出的影响时，重要的是辨析不同税收对其的影响。

综合分析人们对于财政收入和经济增长问题的研究，从国内的文献来看，我们不难发现，对于研究省级经济增长与政府财政收入之间关系的问题，考虑省域社会经济发展差异和人口差异，一般选取人均 GDP 和人均财政收入作为模型的主要指标。尽管作者（2013）从人口政策角度研究过经济增长和财政支出问题，有人研究（王华、柳光强，2010；王美桃，2012；徐晓慧、张瑜，2013）过财政收入与 GDP 的关系，但基于省域范围，从人口政策和财政体制视角，研究财政收入与 GDP 的关系的文献并不多见。从国外文献来看，多见于研究税收与经济增长的关系、财政分权与经济增长的关系、税收对经济增长的影响等方面，直接研究财政收入与经济增长的文献也不多见。所以。本文基于人口政策背景下的省际人口变动和财政体制改革的视角，来分析我国东、中、西部三个地区财政收入和经济增长之间的关系。

二、人均财政收入变动的描述性分析

人均财政收入是反映各级政府财政收入较为客观且可比的指标。而政府财政收入总量指标没有体现人口变化的因素，既不能观察人口对财政收入的影响，也很难进行省级政府财政收入的比较。20 世纪 70 年代我国将计划生育政策列入基本国策，这一政策的实施有效地降低了人口出生率，从而也就抑制了人口过快的增长。当然，由于人口结构分布在省级区域有比较大的差异，计划生育政策在不同地区执行力度和执行效果各不相同，导致 1978—2012 年我国各地方人口总额和人口增长率呈现出不同的变化。在财政收入方面，由于 1985 年我国实行的"划分税种、核定收支、分级包干"的财政体制与 1988 年实行的"大包干"财政体制间隔较短，在实际中两种制度也基本上属于重叠运行，而 1978 年中国开始下放财权和大幅度增加财政支出以后至 1980 年各地方财政收入真正"扭亏为盈"也只有 2 年间隔，所以本文考虑 1985 年我国实行的"划分税种、核定收支、分级包干"的财政体制改革，以及 1994 年我国实行的"分税制"财政体制改革，这两次财政体制改革都在很大程度上对财政收入总量产生了影响。因此，考虑到人口政策在不同地区执行情况不同，对人均财政收入的影响也不同，同时考虑到财政体制改革在不同时间和区域对财政收入产生的影响，以下我们分 1978—1984 年、1985—1993年、1994—2012 年三个时间区段以及东、中、西部三个区域对全国 31 个省、直辖市、自治区的人均财政收入变动进行分析。表 1 中，$r_{(i,m,n)}$ 为第 i 个地区第 m 年对第 n 年的人口增长率；$rg_{(i,m,n)}$ 为第 i 个地区第 m 年对第 n 年的人均财政收入增长率。

表 1　　　　　　　东部地区人口及人均财政收入变动　　　　　　单位:%

地区	1978—1984 年		1985—1993 年		1994—2012 年	
	$r_{(i,m,n)}$	$rg_{(i,m,n)}$	$r_{(i,m,n)}$	$rg_{(i,m,n)}$	$r_{(i,m,n)}$	$rg_{(i,m,n)}$
北京	10.89	−18.47	12.44	42.63	83.94	3830.65
天津	9.84	−6.15	15.31	34.85	51.14	2221.95
河北	8.50	−6.35	14.17	179.77	14.08	1818.73

表1（续）

地区	1978—1984 年		1985—1993 年		1994—2012 年	
	$r_{(i,m,n)}$	$rg_{(i,m,n)}$	$r_{(i,m,n)}$	$rg_{(i,m,n)}$	$r_{(i,m,n)}$	$rg_{(i,m,n)}$
辽宁	7.68	-22.68	9.65	128.76	7.92	1772.55
上海	9.70	-11.67	10.87	18.64	75.55	1157.27
江苏	5.78	18.04	12.13	121.75	12.81	3702.60
浙江	6.46	59.71	5.87	170.22	27.55	2751.04
福建	9.13	1.62	16.10	279.76	17.75	1540.66
山东	6.66	-21.64	12.31	156.33	11.69	2598.97
广东	10.12	3.95	16.82	353.19	58.38	1216.73
海南	11.52	101.10	17.32	521.20	24.69	1092.74
平均值	8.75	8.86	13.00	182.46	35.05	2154.90
最大值	11.52	101.10	17.32	521.20	83.94	3830.65
最小值	5.78	-22.68	5.87	18.64	7.92	1092.74

从表1中可以看出，自20世纪70年代我国把计划生育政策列入我国基本国策以后，到了20世纪80年代，各地人口增长率都出现了不同的下降趋势，东部地区1984年对1978年的人口增长率的平均值为8.75%，其中海南人口增幅最大（为11.52%），江苏人口增幅最小（为5.78%）。这段时间里东部地区的人口增幅相对于后两个时间区段来讲相对较小，这也是由于东部地区与中、西部相比相对发达，城镇化程度较高，计划生育政策执行效果较好所致。河北、辽宁、江苏、浙江、山东都在人口增幅平均水平以下，北京、天津、上海、福建、广东、海南等省市高于平均水平。而从人均财政收入增幅看，1978—1984年东部人均财政收入增幅的平均值为8.86%，这表明该段区间内财政收入总额增幅的平均值超过了人口增幅平均值，致使人均财政收入出现正增长。但相较后两个区段的平均值来讲，该段区间人均财政收入的增幅较低，这主要是由于1978年国家下放财权和增加财政支出后，东部各地区的财政收入并未出现大幅度增长，并且增长幅度在各省市之间不均衡，北京、天津、河北、辽宁、上海、山东六个省市的财政收入增幅均低于人口增幅所致。

1985—1993年间，东部地区1993年对1985年的人口增长率平均值为13%，高出上一时间区段4.25个百分点，然而这段时间里东部地区的人口自然增长率呈下降趋势。这表明该时间区段人口增长率的上涨主要是由于东部地区经济发展较快，人口由中、西部向东部流动所致。其中，天津、河北、福建、广东、海南的人口增幅高于平均水平，最大值为17.32%（海南），最小为5.87%（浙江）。从人均财政收入变动看，1993年对1985年东部地区人均财政收入增长率的平均值为

182.46%，高出上一区段平均值近 21 倍，其中最大值为 521.2%（海南），最小值为 18.64%（上海）。自 1985 年我国实行"划分税种、核定收支、分级包干"的财政体制改革以后，地方财政受到激励，东部地区的财政收入增长率确有大幅度的提高，并且均实现了超过人口增长率的增长，致使各地区人均财政收入均实现了正增长。但各地区人均财政收入增长幅度依然不均衡，只有海南、广东、福建三个地区高于平均水平，且最大值为最小值的近 28 倍。

1994—2012 年间，东部地区 2012 年对 1994 年人口增长率平均值为 35.05%，是上一区段的 2.7 倍。但由于这段时间内东部地区人口自然增长率仍保持下降趋势，则表明该区段人口增长率较高仍然是由于人口由西部地区向东部地区大量迁移所致。其中人口增长率最大的地区为北京，其值为 83.94%，这主要和北京市的户籍管理政策调整有极大关系，最小值为辽宁 7.92%。从人均财政收入的变动看，东部地区 2012 年对 1994 年人均财政收入增长率的平均值为 2154.9%，是上一区段的近 12 倍，而且考虑到人口增长率较高的因素，财政收入总量的增长会更为明显。这主要是由于 1994 年我国实行的"分税制"财政体制改革，划清了各级政府，以及政府与企业之间的财权与事权，增加了财政收入在 GDP 中所占的比重，以及中央财政收入在国家整体财政收入中所占的比重，同时也对地方财政收入的实现产生了新的激励机制所致。另外，该区段人均财政收入增长率的最大值为 3830.65%（北京），最小值为 1092.74%（海南），最大值是最小值的 3.5 倍，远小于上一区段的 28 倍。这表明，1994 年的"分税制"改革不仅从总量上促进了财政收入，也缩小了省际政府财政收入的差距，从而有助于各地区财政收入的均衡增长。

表 2　　　　　　　中部地区人口及人均财政收入变动　　　　　　单位:%

地区	1978—1984 年		1985—1993 年		1994—2012 年	
	$r_{(i,m,n)}$	$rg_{(i,m,n)}$	$r_{(i,m,n)}$	$rg_{(i,m,n)}$	$r_{(i,m,n)}$	$rg_{(i,m,n)}$
山西	8.54	27.50	12.64	157.28	18.58	2275.99
吉林	6.29	−12.74	11.18	231.29	6.85	1800.66
黑龙江	6.42	−60.27	8.43	166.45	4.41	1215.88
安徽	8.27	0.16	14.37	112.24	0.55	3160.50
江西	8.64	13.06	12.99	174.41	12.18	2381.34
河南	9.48	6.32	14.04	149.46	4.20	1997.61
湖北	7.50	24.90	13.51	101.69	1.05	2229.11
湖南	7.65	5.29	12.25	189.98	4.47	1886.19
平均值	7.85	0.53	12.43	160.35	6.54	2118.41
最大值	9.48	27.50	14.37	231.29	18.58	3160.50
最小值	6.29	−60.27	8.43	101.69	0.55	1215.88

　　从表2可以看出，1978—1984年间，中部地区1984年对1978年人口增长率平均值为7.85%，比东部地区低0.9个百分点，其中最大值为9.48%（河南），最小值为6.29%（吉林）。而这段区间内，由于中部地区城镇化水平低于东部地区，计划生育政策实施效果没有东部明显，导致中部地区的人口自然增长率高于东部地区。这说明，中部地区人口增长率低于东部地区并不是人口自然增长所致，而是人口从中部向东部流动所造成的。从人均财政收入的变动看，中部地区1984年对1978年的人均财政收入增长率的平均值为0.53%，比东部地区低近8.5个百分点，由于该区段内中部地区人口增长率低于东部地区，说明中部地区财政收入总量的增长率与东部地区相比偏低，这主要是由于经济发展水平较东部偏低所致。而从省际人均财政收入增长差距看，最大值为27.5%（山西省），最小值为-60.27%（黑龙江省），最大值与最小值之间差距较大，表明该区段内省际间政府财政收入的增加并不均衡。

　　1985—1993年间，中部地区1993年对1985年人口增长率的平均值为12.43%，比东部地区低0.57个百分点，其中最大值为14.37%（安徽），最小值为8.43%（黑龙江）。该时间区段内，中部地区人口增长率低于东部地区人口增长率同样是因为人口从中部向西部流动造成的。从人均财政收入的变动看，中部地区1993年对1985年的人均财政收入增长率的平均值为160.35%，比东部地区低22个百分点，这主要是由于中部地区经济发展水平低于东部使得经济发展所带来的财政收入总量低于东部地区所致。而从省际人均财政收入增长差异看，最大值为231.29%（吉林），最小值为101.69%（湖北），最大值为最小值的2.27倍，小于东部地区该时间区段内最大值与最小值的差距。这说明中部地区在该时间区段内省际政府财政收入增幅差异相对较小。

　　1994—2012年间，中部地区2012年对1994年人口增长率的平均值为6.54%，远低于东部地区的35.05%，其中，最大值为18.58%（山西），最小值为0.55%（安徽）。这主要是由于计划生育政策的效果以及人口从中部向东部移动所致。从人均财政收入变动看，中部地区2012年对1994年人均财政收入增长率的平均值为2118.41%，低于东部地区在该时间区段内的平均值。其中，最大值为3160.50%（安徽），最小值为1215.88%（黑龙江）。中部地区出现人均财政收入的高增长有两个原因：①1994年我国实行的"分税制"改革对全国各地区的政府财政收入均有很强的促进作用；②由于人口从中部地区向东部地区的大量流动，使得中部地区人口增长率大幅降低，为中部地区带来了人均财政收入上的"人口红利"。

表3　　　　　　　　西部地区人口及人均财政收入变化　　　　　　　　单位：%

地区	1978—1984年		1985—1993年		1994—2012年	
	$r_{(i,m,n)}$	$rg_{(i,m,n)}$	$r_{(i,m,n)}$	$rg_{(i,m,n)}$	$r_{(i,m,n)}$	$rg_{(i,m,n)}$
四川	4.13	19.35	49.66	140.29	-27.98	2372.24

表3（续）

地区	1978—1984 年		1985—1993 年		1994—2012 年	
	$r_{(i,m,n)}$	$rg_{(i,m,n)}$	$r_{(i,m,n)}$	$rg_{(i,m,n)}$	$r_{(i,m,n)}$	$rg_{(i,m,n)}$
重庆	4.26	120.33	7.10	71.99	-1.36	4614.63
云南	9.06	53.84	13.66	557.81	18.28	1375.04
西藏	10.06	524.68	16.58	123.03	30.35	1099.00
陕西	6.73	-27.41	14.69	170.16	7.82	3385.89
甘肃	8.34	-40.52	14.22	178.52	8.39	1551.00
青海	10.14	-48.65	14.74	312.88	20.92	2099.18
宁夏	14.42	-36.11	19.39	212.31	28.41	2766.90
新疆	9.00	-7.23	17.93	261.72	36.81	2214.94
内蒙古	9.33	11.99	10.71	284.59	10.17	3782.66
广西	11.88	-15.92	14.59	314.84	4.21	1697.24
贵州	9.16	72.83	14.70	224.70	0.75	3121.73
平均值	8.87	52.27	17.33	237.74	11.40	2582.75
最大值	14.42	524.68	49.66	557.81	36.81	4614.63
最小值	4.13	-48.65	7.10	71.99	-27.98	1099.00

从表3可以看出，1978—1984年间，西部地区1984年对1978年的人口增长率的平均值为8.87%，略高于东中部地区，其中最大值为14.42%（宁夏），最小值为4.13%（四川）。在该时间区段内，西部地区的人均自然增长率的平均值远高于东部地区平均值，所以西部地区人口增长率与东部地区大体相同并不是人口自然增长所致，而是由于人口从西部向东部流动的原因。从人均财政收入变动看，西部地区1984年对1978年人均财政增长率的平均值为52.27%，高于东中部地区，其中最大值为524.68%（西藏），最小值为-48.65%（青海）。但从表3中可以发现，该时间区段内有六个省市人均财政收入增长率为负值。这主要是因为这些省市的财政收入总额增长率低于人口增长率所致，而且四川、陕西、甘肃、青海、宁夏、新疆、内蒙古、广西八个省市均处于平均水平以下，只有重庆、云南、贵州、西藏四个省市高于平均水平，且西藏人均财政收入增长率与其他省市相比过度偏高，拉高了西部地区的平均值。所以，刨除西藏的影响，从总体上看西部地区人均财政收入增长率偏低。

1985—1993年间，西部地区1993年对1984年的人口增长率的平均值为17.33%，高于东部和中部的平均值，其中最大值为49.66%（四川），最小值为7.10%（重庆）。该时间区段内，西部的人口处于高速增长的态势，这主要是由于西部地区城镇化水平偏低，人口政策在西部执行的难度较高，政策效果不明显所致。另外，该时间区段内，四川省的人口增长率为 49.66%，远高于西部其他省市同期的增长率，这种人口的异常增长也相对拉高了西部地区的平均水平。从人均财政收入变动来看，西部地区 1993 年对 1985 年的人均财政收入增长率的平均值为 237.74%，高于东部和中部地区，其中最大值为 557.81%（云南），最小值为 71.99%（重庆）。考虑到西部地区人口增长率相对较高的因素，表明该时间区段内，西部地区的财政收入总量增长率也为中国东、中、西部三个地区的最高水平。这主要是由于 1985 年我国实行了"划分税种、核定收支、分级包干"的财政体制改革，这在很大程度上刺激了全国各地区财政收入的增长，而西部地区原财政收入水平较低，增长率的基数较小，致使这一阶段西部地区增长率的平均水平高于东部和中部地区。

1994—2012 年间，西部地区 2012 年对 1994 年人口增长率的平均值为 11.40%，高于中部地区而低于东部地区，其中最大值为 36.81%（新疆），最小值为-27.98%（四川）。西部各地区平均人口增长率不高的主要原因是人口由西部向东部大量流动所致，并且最大值与最小值差距较大，西部人口增长不均衡。从人均财政收入变动看，西部地区 2012 年对 1994 年的人均财政收入变动的平均值为 2582.75%，高于东中部地区，其中最大值为 4614.63%（重庆），最小值为 1099.00%（西藏）。西部地区的经济发展水平低于东部地区，但人均财政收入增长率高于东部地区。这主要是由于计划生育政策的效果以及人口从西部向东部流动使得西部人口增长率降低，从而为人均财政收入增长带来了一定的"人口红利"。并且可以看出，后两个时间区段人均财政收入增长率的最大值与最小值之间的倍数小于第一个时间区段。这也说明财政体制的改革有助于省际政府财政收入的均衡增长。

总的来说，通过对全国 31 个省、直辖市、自治区分东、中、西部三个地区和 1978—1984 年、1985—1993 年、1994—2012 年三个时间区段的人口增长率、人均财政收入增长率进行分析，我们发现：①中国在 1985 年和 1994 年所进行的财政体制改革明显地促进了地方人均财政收入的增长，有助于增加政府财政收入。②财政体制改革在增加地方政府财政收入的基础上，还有助于省际政府财政收入的均衡增长，缩小了地方政府财政收入的差距。③1978 年我国所实行的计划生育政策显著地降低了我国的人口增长率，这在一定程度上为政府财政收入带来了人均意义上的"人口红利"。④人口从中部、西部向东部移动的过程不仅以劳动力移动的形式促进了东部地区经济的发展，同时降低了中部、西部人口的增长率，进而提高了中西部人均财政收入的增长率，在人均意义上增加了中西部地区政府的财政收入。

三、影响省际人均财政收入的因素分析

（一）指标选取及数据来源

本节研究的数据来源于中经网统计数据库、1978—2012 年《中国财政年鉴》。

根据之前的分析以及前人的研究我们判断，财政收入主要受人口数量变化和 GDP 变化的影响。所以，我们考虑以地方人均财政收入（dar）作为被解释变量，地方人均 GDP（agdp）作为解释变量进行回归分析。但由于 2005 年中国取消了农业税，致使第一产业增加值对人均财政收入的贡献并不明显，所以为了在模型中考虑产业结构对财政收入的影响，并且为了避免造成严重的多重共线性，我们选取且只选取第二产业增加值占 GDP 的比重作为地方人均 GDP 的补充自变量。另外，考虑到中国 1985 年、1994 年的财政体制改革对人均财政收入产生了巨大影响，所以我们在模型中通过人均 GDP 交互项以及第二产业增加值占 GDP 的比重项的交互项的形式引入虚拟变量，以研究 1985 年、1994 年两次财政体制改革前后人均 GDP 对人均财政收入贡献的差异性，进一步研究财政体制改革对政府财政收入施加影响的作用形式。随后，我们对地方人均财政收入、地方人均 GDP、地方第二产业增加值占 GDP 比重的面板数据进行单位根检验。检验结果表明，地方人均财政收入、地方人均 GDP 为二阶单整，地方第二产业增加值占 GDP 比重为平稳，由于人均财政收入与人均 GDP 均为绝对数指标，第二产业增加值占 GDP 比重为比率指标。所以，为了更好地解释回归结果，我们对地方人均财政收入、地方人均 GDP 作对数处理后进行协整检验，其结果显示变量间存在长期稳定的均衡关系。最后，我们进行了 Hausman 检验，检验结果拒绝了随机影响假设，表明应使用固定效应模型。加之之前的分析，我们选取模型 1 进行面板数据回归，以分析影响省际人均财政收入变动的影响因素。并且为了作进一步分析，我们分别对东、中、西部三个地区的面板数据作回归分析，以分析不同地区影响省际人均财政收入因素的不同情况。

$$\text{Log}(dar_{it}) = m + \beta_1 \text{Log}(agdp_{it}) + \beta_2 \text{Log}(agdp_{it}) \times d_1 + \beta_3 \text{Log}(agdp_{it}) \times d_2$$
$$+ \beta_4 dsgdpr + \beta_5 dsgdpr \times d_1 + \beta_6 dsgdpr \times d_2 + \alpha_i + u_{it} \qquad \text{模型 1}$$

其中，$\text{Log}(dar_{it})$ 为地方人均财政收入的对数；m 为总体均值截距项；$\text{Log}(agdp_{it})$ 为地方人均 GDP 的对数；$\text{Log}(agdp_{it}) \times d_1$ 为第一个交互项，由于 d_1 在 1985 年以前值均为 0。所以，该项只在 1985 年后的数据回归中起作用，此项的系数回归结果表示 1985 年后 β_1 在数值上的变化。$\text{Log}(agdp_{it}) \times d_2$ 为第二个交互项，与前一个相同，此项考察的是 1994 年前后 β_1 在数值上的变化。dsgdpr 为第二产业增加值占 GDP 的比重；$dsgdpr \times d_1$、$dsgdpr \times d_2$ 为第三个交互项、第四个交互项；α_i 为个体对总体均值偏离的个体截距项；u_{it} 为残差项。

（二）中国 31 个省、直辖市、自治区个体固定效应模型的参数估计

对中国 31 个省、直辖市、自治区个体固定效应模型的参数估计结果见表 4。

表 4　　　　　　　　全国混合面板数据模型参数回归结果

变量	参数估计	标准差	T 统计量	显著性
m	-4.437850	0.126078	-35.19935	0.0000

表4（续）

变量	参数估计	标准差	T 统计量	显著性
β_1	1.120434	0.025077	44.67920	0.0000
β_2	−0.056408	0.017490	−3.225183	0.0013
β_3	0.189161	0.013691	13.81593	0.0000
β_4	3.374818	0.206337	16.35586	0.0000
β_5	0.170681	0.254503	0.670643	0.5026
β_6	−5.220867	0.246185	−21.20713	0.0000
$R^2 = 0.977781$		$\overline{R}^2 = 0.976998$		$F = 1249.275$

从表4中我们可以看出，调整后的拟合优度为97.7%，表明方程拟合程度较好。除β_5以外所有变量系数的估计结果均通过了显著性检验，表明其均对被解释变量产生了显著性影响。对回归结果进一步分析可以得到，人均GDP每增加1%，会对人均财政收入产生1.12%的贡献。1985年后，人均GDP每增加1%，会对人均财政收入少产生0.05%的贡献，1994年后，人均GDP每增加1%，会对人均财政收入多产生0.19%的贡献。这意味着，对于研究的全国31个省、直辖市、自治区来说，人均GDP的增加会促进人均财政收入的增长，且1985年的财政体制改革减轻了这种影响而1994年的财政体制改革加深了这种影响，即财政体制改革通过影响经济发展对财政收入的贡献度来影响政府财政收入的增长。另外，从回归结果我们还可以看出，第二产业增加值占GDP的比重每增加1%，会对人均财政收入产生3.37%的贡献，且两次财政体制改革都在一定程度上影响了这种贡献，这主要是由于财政收入产业结构的调整所致。

（三）中国东部地区个体固定模型的参数估计

为了进一步分析中国不同地区人均GDP、产业结构、财政体制改革等因素对人均财政收入的影响，我们选取不同地区进行计量分析。表5是东部地区11个省、直辖市、自治区的个体固定效应模型的回归结果。

表5　　　　　　　　东部地区混合面板数据模型回归结果

变量	参数估计	标准差	T 统计量	显著性
m	−4.069869	0.165877	−24.53551	0.0000
β_1	0.988837	0.030798	32.10720	0.0000
β_2	0.038988	0.020195	1.930576	0.0543
β_3	0.199314	0.015484	12.87184	0.0000
β_4	3.824679	0.207369	18.44386	0.0000
β_5	−1.314407	0.271298	−4.844883	0.0000

表5（续）

变量	参数估计	标准差	T 统计量	显著性
β_6	−5. 111935	0. 256191	−19. 95364	0. 0000
$R^2 = 0.993312$		$\overline{R}^2 = 0.993022$		F = 3416. 228

从表 5 中我们可以看出，调整后的拟合优度为 99.3%，表明方程拟合程度较好。在 0. 05 显著性水平下，除 β_2 略大以外，所有变量系数的估计结果均通过了显著性检验，我们可以认为所有变量均对被解释变量产生了显著性影响。对该回归结果进一步分析可以得到，东部地区人均 GDP 每增加 1%，会对人均财政收入产生 0. 99%的贡献，略低于全国的回归结果。这主要是由于东部地区 GDP 总量较高，而财政收入的需求是一定的，所以东部人均财政收入对人均 GDP 的弹性相对较小。1985 年后，人均 GDP 每增加 1%，会对人均财政收入多产生 0. 04%的贡献。1994 年后，人均 GDP 每增加 1%，会对人均财政收入多产生 0. 2%的贡献。这意味着，对于研究的东部 11 个省、直辖市、自治区来说，人均 GDP 的增加会促进人均财政收入的增长，且 1985 年和 1994 年的两次财政体制改革加深了人均 GDP 对人均财政收入的影响，即财政体制改革通过加大经济发展对财政收入的贡献度来促进政府财政收入的增加。另外，从回归结果我们还可以看出，第二产业增加值占 GDP 的比重每增加 1%，会对人均财政收入产生 3. 82%的贡献，而两次财政体制改革都在一定程度上削弱了这种贡献。这主要是由于财政收入产业结构的调整所致。

（四）中国中部地区个体固定模型的参数估计

表 6 是中部地区 8 个省、直辖市、自治区的个体固定效应模型的回归结果。

表6　　　　　　　　　中部地区混合面板数据模型回归结果

变量	参数估计	标准差	T 统计量	显著性
m	−3. 642860	0. 191539	−19. 01891	0. 0000
β_1	1. 153255	0. 042021	27. 44475	0. 0000
β_2	−0. 066068	0. 035687	−1. 851304	0. 0652
β_3	−0. 062586	0. 030284	−2. 066663	0. 0397
β_4	1. 560109	0. 405867	3. 843888	0. 0002
β_5	0. 176019	0. 532524	0. 330538	0. 7413
β_6	−0. 314078	0. 540238	−0. 581370	0. 5615
$R^2 = 0.970286$		$\overline{R}^2 = 0.968834$		F = 668. 1478

从表 6 中我们可以看出，调整后的拟合优度为 96.88%，表明方程拟合程度较好。除 β_2、β_5、β_6 以外，其他变量系数的估计结果均通过了显著性检验，表明除 β_2、β_5、β_6 以外的所有变量均对被解释变量产生了显著性影响，而由于 β_2、β_5、

β₆ 回归结果不显著，以下我们不对其进行分析。对该回归结果进一步分析可以得到，中部地区人均 GDP 每增加 1%，会对人均财政收入产生 1.15% 的贡献，高于全国的回归结果。这主要是由于中部地区 GDP 总量相对较低，财政收入对经济发展的依赖程度较高，所以中部人均财政收入对人均 GDP 的弹性相对较大。1994 年后，人均 GDP 每增加 1%，会对人均财政收入少产生 0.06% 的贡献。这意味着，对于研究的中部 8 个省、直辖市、自治区来说，人均 GDP 的增加会促进人均财政收入的增长，且 1994 年的"分税制"财政体制改革降低了人均 GDP 对人均财政收入的影响，即财政体制改革降低了中部地区人均财政收入对人均 GDP 的依赖程度。另外，从回归结果我们还可以看出，第二产业增加值占 GDP 的比重每增加 1%，会对人均财政收入产生 1.56% 的贡献，低于全国的回归结果。

（五）中国西部地区个体固定模型的参数估计

表 7 是东部地区 12 个省、直辖市、自治区的个体固定效应模型的回归结果。

表 7　　　　　　　　　西部地区混合面板数据模型回归结果

变量	参数估计	标准差	T 统计量	显著性
m	−4.883127	0.213654	−22.85527	0.0000
β₁	1.207324	0.045697	26.42009	0.0000
β₂	−0.232056	0.032777	−7.079801	0.0000
β₃	0.289193	0.025426	11.37408	0.0000
β₄	3.570744	0.478139	7.468011	0.0000
β₅	3.752519	0.541872	6.925101	0.0000
β₆	−7.624378	0.516440	−14.76334	0.0000
$R^2 = 0.957424$		$\overline{R^2} = 0.955554$		$F = 511.9196$

从表 7 中我们可以看出，调整后的拟合优度为 95.56%，表明方程拟合程度较好。且所有变量系数的估计结果均通过了显著性检验，表明所有变量均对被解释变量产生了显著性影响。对该回归结果进一步分析可以得到，中部地区人均 GDP 每增加 1%，会对人均财政收入产生 1.21% 的贡献，高于全国的回归结果。这主要是由于西部地区的财政政策的特点致使人均财政收入对人均 GDP 依赖程度高所致。1985 年后，人均 GDP 每增加 1%，会对人均财政收入少产生 0.23% 的贡献，1994 年后，人均 GDP 每增加 1%，会对人均财政收入多产生 0.28% 的贡献。这意味着，对于研究的西部 12 个省、直辖市、自治区来说，人均 GDP 的增加会促进人均财政收入的增长，且 1985 年的财政体制改革减轻了这种影响而 1994 年的财政体制改革加深了这种影响，即财政体制改革通过影响经济发展对财政收入的贡献度来影响政府财政收入的增长。另外，从该回归结果我们还可以分析出，第二产业增加值占 GDP 的比重每增加 1%，会对人均财政收入产生 3.57% 的贡献，显著高于中部地

区的回归结果，且与东部地区的回归结果大致相等，这主要是因为西部地区财政收入对第二产业发展的依赖程度较高所致。并且两次财政体制改革分别在一定程度上促进和削弱了这种贡献，这主要是由于财政收入产业结构的调整的结果。

四、结论

本文初步研究了1978—2012年全国在经济增长的背景下，人口政策、经济增长、财政体制改革对政府财政收入的影响。通过实证分析，得出以下几点结论：

（1）自1978年我国实行计划生育政策以来，我国人口增长得到了一定的控制，且通过降低人口增长率和对地方劳动力结构的影响，促进了地方人均财政收入的增长。

（2）地方经济的增长有助于提高地方政府的财力，且东、中、西部三个地区由于经济发展水平和产业结构的不同，其经济增长以及不同产业增长对政府财政收入的贡献不尽相同，且经济总量贡献度西部地区大于中部地区，而中部地区大于东部地区，但对于第二产业而言，第二产业贡献度东部地区大于西部地区，西部地区大于中部地区。

（3）1985年我国实行的"划分税种、核定收支、分级包干"财政体制改革以及1994年实行的"分税制"财政体制改革通过影响地方经济发展对地方政府财政收入的贡献度来间接地影响地方的政府财政收入。从总体上说，我国财政体制的改革有助于提高地方政府财政收入，促进省际政府财政收入的均衡增长。

参考文献：

［1］曾康华.财政体制、省际人口、GDP与财政收入之间关系的研究［M］.北京：经济科学出版社，2011.

［2］马海涛，曾康华.中国省际人均财政收入差异形成的计量研究［J］.财贸经济，2010（5）.

［3］王华，柳光强.分级财政下财政收入增长与经济增长关系的实证分析［J］.财政研究，2010（9）.

［4］马骁，赵艾凤，陈建东，林谦.区域间人均财政收入差异的核心成因［J］.财贸经济，2012（9）.

［5］贾康，苏明，阎坤，丁树一.我国财政收入高速增长的原因分析［J］.经济纵横，2008（6）.

［6］徐晓慧，张瑜.我国地方财政收入影响因素的实证分析［J］.理论经济学，2013（5）.

［7］曲振涛，周正.我国财政收入超经济增长的实证分析［J］.财政研究，2004（8）.

［8］王美桃.我国财政收入超GDP增长的因素分解［J］.财政研究，2012（10）.

［9］Zahra Dehghan Shabani, Nematollah Akbari, Rahim Dalali Esfahani. Effect of Population Density, Division and Distance on Regional Economic Growth［J］. Iranian Economic Review, 2011 (16): 31.

［10］Tao Zhang and Heng-fu Zou. Fiscal Decentralization, Public Spending and Economic Growth in China［J］. Journal of Public Economics, 1998 (67): 211-240.

［11］Nathan Nunn and Daniel Trefler. The Structure of Tariffs and Long-Term Growth［J］. Macroeconomics, 2010: 158-194.

[12] Christina D. Romer and David H. Romer. The Macroeconomic Effects of Tax Changes: Estimates Based on a New Measure of Fiscal Shocks [J]. American Economic Review, 2010 (100): 763-801.

[13] Bradley T. Ewing, James E. Payne, Mark A. Thompson, and Omar M. Al-Zoubi. Government Expenditures and Revenues: Evidence from Asymmetric Modeling [J]. Southern Economic Journal, 2006, 73 (1) 190-200.

[14] Karel Mertens and Morten O. Ravn. The Dynamic Effects of Personal and CorporateIncome Tax Changes in the United States [J]. American Economic Review, 2013, 103 (4): 1212-1247.

英国科技经费绩效预算管理改革及其启示[①]

■ 马蔡琛　郭小瑞[*]

　　内容提要： 科技经费预算的资金使用绩效，对一国的科技发展具有关键性作用。英国作为较早推行科技经费绩效预算管理改革的国家，其绩效管理的理念和方法颇具特色。本文在系统阐述英国科技经费绩效预算管理改革发展演进和主要特点的基础上，提出了对我国科技经费预算管理改革的启示及借鉴。

　　关键词： 英国　科技经费　绩效预算

一、英国科技经费预算管理改革的发展和演进

（一）早期的英国科学改革运动

　　英国作为近代工业革命的发源地，相对领先的发明创造能力，有效促进了工业的发展。但因当时英国政府对科技教育的长期忽视，科技发展呈现停滞不前的局面。随着第二次科技革命的兴起，美、德、法等国迅速崛起，英国科学界的有识之士提出科学改革的主张，要求政府增加对科学研究的财政投入。

---

　　① 本文获国家社会科学基金重大项目"我国预算绩效指标框架与指标库建设研究"（项目编号：12&ZD198）支持。

　　* 马蔡琛，南开大学经济学院教授、博士生导师；郭小瑞，南开大学经济学院硕士研究生。

英国政府开始意识到科技教育投入问题，建立了多个委员会进行调查，先后通过了《牛津大学法案》、《剑桥大学法案》和《技术教育法案》等系列文件，强调了科技教育的立法宗旨，为科技发展提供了政策指导、财力支持和法律保障。

总体而言，在19世纪后半叶，英国政府科技预算支出呈上升趋势，从1850—1851财年的34 328英镑增长至1899—1900财年的617 787英镑，在政府预算中的占比也不断增加（参见图1）。尽管在科学改革派与保守派的激烈斗争中，这一轮科学改革运动未能完全取得预期的成果，但这些行动促使政府突破了自由放任信条的束缚，对英国科技预算的发展产生了深远影响。

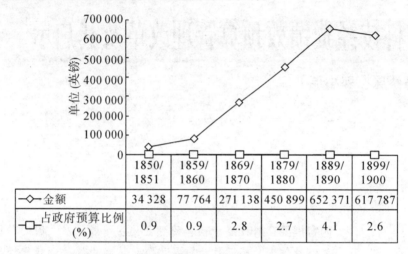

	1850/1851	1859/1860	1869/1870	1879/1880	1889/1890	1899/1900
◇—金额	34 328	77 764	271 138	450 899	652 371	617 787
□—占政府预算比例（%）	0.9	0.9	2.8	2.7	4.1	2.6

图1 英国的科教投入情况（1850—1900）

资料来源：G. L. E. Turner, the Patronage of Science in the Nineteenth Century, Leyden.

（二）两次世界大战期间的英国科技经费预算管理

第一次世界大战初期，英国对科技发展投入不足的弊端进一步显现。面对德国变幻莫测的战术，先进的潜艇和改良的鱼雷，英国却拿不出任何新奇的武器与之抗衡。当时，战争办公室的科研部也难以对军用品生产发挥作用。因为在和平时期，战争办公室科研部几乎完全依赖兵工厂和武器装备公司来实现武器设计创新。

1916年，英国政府迫于多方压力，建立了科学和工业研究部（the Department of Science and Industrial Research，DSIR），专注于资助科技事业的发展。DSIR的成立，是政府开始承担资助科技发展责任的分水岭，标志着仅对科学事业进行"零碎"资助的时代的终结。

1918年，英国内阁大臣查德·霍尔丹（Richard Haldane）提出了著名的霍尔丹原则（Haldane Principle），即科技经费的使用决定，应由研究人员而非由政府官员做出。霍尔丹认为，政府科研资助可以分为部门指定研究和普通研究两类，政府只应审查其中的指定研究，普通研究则应由自治研究理事会掌控。霍尔丹原则一直被视为英国科技预算管理不可逾越的基本法则。

1919年，英国设立了大学拨款委员会（University Grant Committee），后来发展为高等教育基金会（High Education Funding Council）。大学拨款委员会是英国科技预算管理体制中的重要部门。其主要职责包括：一是向政府汇报大学的科技经费需求，二是向大学分配各类科技经费拨款。遵循霍尔丹原则，大学拨款委员会只负责将政府确定的科技经费总额，一次性划拨给各大学，但对经费使用并不做任何硬性规定，经费的具体使用及管理则由大学自主决定。

第二次世界大战后，英国成立了科学政策顾问委员会，负责推动民用科技事业的发展。同时，还颁布了工业组织与发展法令，鼓励科技成果在生产中的直接应用，建立了发展委员会，授予其征税用于科技投入的权利。英国政府不断增加科技预算投入，科技经费在国民生产总值中的占比，从第二次世界大战前的不足1%增长到1970年的3%。这一系列举措有效地促进了英国科技事业的进步，对其第二次世界大战后重建与发展发挥了巨大的推动作用。

（三）20世纪80年代以来的科技预算管理改革

随着财政科技投入不断增加，科技经费的统筹利用和优化配置，逐渐成为英国各界重点关注的问题。1965年，英国议会通过《科学与技术》（Science and Technology）法案，正式确立了科技经费预算的"双重支持系统"（Dual Support System），即由大学拨款委员会拨付部分科研经费，主要用于科研基础设施建设和科研人员的基本支出；由5个研究理事会（the Research Councils）（后来增加至7个）根据各自的研究重点，分别确定给予资助的科研专项。

在撒切尔夫人执政时期，在内阁设立了科技评价办公室（The Science and Technology Assessment Office），主要负责评估"双重支持系统"的科研现状，并对经费分配使用进行统筹协调。1993年，在科技大臣William Waldegrave的领导下，英国教育部向议会提交了科技白皮书——《实现我们的潜能》（Realize Our Potential），要求各部门的科技经费实现捆绑使用，以提升其整体使用绩效。

历经多次管理制度创新，英国科技经费预算已逐渐形成了以商业、创新和技能部（Department for Business，Innovation and Skills）为主导，高等教育基金会及七大研究理事会作为"双重支持系统"，英国皇家学会、英国皇家工程院和英国科学院等科研机构相互协调的发展格局。英国的科技预算主要分为三类：第一类是对高等院校的资本投资，由DBIS将经费划拨给高等教育基金会，高等教育基金会实行完全公式化的资金分配政策，根据科研评价结果将预算资金一次性划拨给各大学并由其灵活使用。第二类是不同学科领域的研究经费，由DBIS将资金划拨给七大研究理事会①。这些资金由各研究理事会CEO组成的英国研究理事会（Research

---

① 七大理事会包括：艺术及人文科学研究理事会（AHRC），生物技术与生物科学研究理事会（BBSRC），经济及社会科学研究理事会（ESRC），工程和自然科学研究理事会（EPSRC），医学研究理事会（MRC），自然环境研究理事会（NERC），科学及技术设施理事会（STFC）。

Councils of the United Kingdom）统筹规划管理。第三类是国家科学院以及其他科技计划的研究经费，主要用于资助特殊研究项目以及杰出科研人员。

随着社会各界对预算绩效的日益关注，英国于 1998 年引入了新绩效管理框架（The New Performance Management Framework），科技管理部门需要与财政部签订公共服务协议（Public Service Agreement）。首先需要确定科技发展的战略目标，然后据此确定具体的绩效目标和绩效指标，明确相关指标的数据来源和数据使用情况。科技执行机构需要对比公共服务协议中的战略目标和科技预算绩效指标的完成情况，向财政部提交年度绩效报告。

（四）后金融危机时代的英国科技经费预算管理变革

全球金融危机爆发以来，欧洲诸国深受债务危机困扰，英国在大幅削减各部门财政支出的情况下，科技经费预算依旧保持年均 50.5 亿英镑的较高水平。2010年 12 月，英国商业、创新与技能部发布了《投资世界级科学与研究》（Investing in World-Class Science and Research），具体公布了 2011—2012 财年至 2014—2015 财年的科技经费预算方案。在复式预算管理体制下①，英国的科技经费预算分为资源性预算和资本性预算（参见表 1 和表 2）。

表 1　　　英国 2011—2012 年至 2014—2015 年资源性科技经费预算分配

（单位：千英镑）

	2011—2012	2012—2013	2013—2014	2014—2015	合计	占比
研究理事会	2 596 196	2 573 678	2 586 641	2 599 812	10 356 327	0.5658
高等教育基金会	1 662 112	1 699 578	1 685 689	1 686 321	6 733 700	0.3679
国家科学院	87 465	86 547	86 547	86 547	347 106	0.0190
其他计划	24 496	24 140	24 165	24 005	96 805	0.0053
英国航天局	205 637	191 963	192 864	179 221	769 685	0.0421
合计	4 575 906	4 575 906	4 575 906	4 575 906	18 303 622	

资料来源：Investing in World-Class Science and Research, the Allocation of Science and Research Funding 2011—2012 to 2014—2015, DBIS, December 2010.

表 2　　　英国 2011/12 年至 2014/15 年资本性科技经费预算分配

（单位：千英镑）

	2011—2012	2012—2013	2013—2014	2014—2015	合计	占比
研究理事会	239 821	199 393	181 430	180 967	801 611	0.422 791

---

① 英国等发达国家的复式预算管理模式，在预算编制中，针对某一部门以"活动"为基础进行经费的编报。在英国的预算管理体制下，预算开支分为资源性预算和资本性预算两类，全面反映政府部门占用预算资源的情况。这些预算的编制均以权责发生制为基础，相对准确地衡量了各公共部门提供服务所花费的全部经济成本。

表2(续)

	2011—2012	2012—2013	2013—2014	2014—2015	合计	占比
大型设备资本基金	115 279	61 307	47 769	128 132	352 487	0. 185 911
英国航天局	19 000	19 000	19 000	19 000	76 000	0. 040 084
高等教育基金会高教资本	75 170	90 970	90 160	101 500	357 800	0. 188 713
英格兰高等教育研究资本	53 199	64 377	63 810	71 831	253 217	0. 133 553
苏格兰高等教育研究资本	8620	10 431	10 339	11 639	41 029	0. 021 640
威尔士高等教育研究资本	2113	2557	2535	2854	10 059	0. 005 305
北爱尔兰高等教育研究资本	798	965	957	1077	3797	0. 002 003
合计	514 000	449 000	416 000	517 000	1 896 000	

资料来源: Investing in World-Class Science and Research, the Allocation of Science and Research Funding 2011—2012 to 2014—2015, DBIS, December 2010.

新一轮的英国科技预算管理改革仍然遵循霍尔丹原则,以保证科学研究的独立性和卓越性。首先,就资源性预算而言,七大研究理事会和高等教育基金会组成的"双重支持系统",占总资源性经费的93.37%,而其他部门经费仅占7%,这表明了政府在财政紧缩下保证核心科研能力的决心。其次,就资本性预算而言,2011—2012财年至2014—2015财年的资本性经费平均投入,与2010—2011年度的8.73亿英镑相比,削减了45.68%,成为财政紧缩的重大牺牲品。从这个意义上讲,短期内英国难有新的重大科技项目启动。

为实现科学研究的经济效益和社会效益最大化,英国将科研经费按照优先次序在研究理事会基金、HEFCE基金以及个体研究人员之间进行分配,并通过对相关部门的咨询,就优先次序加以适当调整。针对财政科技投入的持续性和高效性,英国启动了维克汉姆审查。维克汉姆审查基于全经济要素成本核算,重点关注科技投入的效率驱动机制,其审查建议将作为改进原则,应用于科研经费的管理改革进程。预计至2014—2015财年这一举措将节省资源性经费的7%,而节约的资金将用于科学研究的再投资。在财政相对紧缩的状况下,英国更加注重科技预算资源的高效使用,这为其完善科技经费绩效预算管理提供了契机。

二、英国科技经费绩效预算管理的主要特点

英国政府试图通过对科技经费预算的绩效管理,切实提升科技经费的配置效率。在绩效管理框架的指导下,英国科技预算将绩效评估工作与战略计划、投资管理有机结合,逐步形成了科学化、规范化的科技经费绩效预算管理机制。

（一）预算决策过程的科学性

在绩效管理框架下，英国科技部门根据战略目标来制定绩效目标、绩效等级和测度指标等，并接受财政部预算司的指导。与内阁、议会和财政部相比，科技管理部门对于本部门的绩效信息拥有相对优势，因此由科技部门自身确定的绩效目标、衡量指标和评价标准更具有科学性。

英国科技管理部门在确定科技预算绩效指标的过程中，充分听取绩效管理者、技术人员、专家学者的意见，接受来自技术层面和理论层面的指导，使得科技预算绩效目标更容易转化为切实可行的绩效任务，从而在实践中更容易得到各类科研机构的认同。

英国财政部预算司对科技管理部门的预算绩效目标、指标等内容进行审查，并提出改进建议。科技管理部门在预算决策过程中，必须充分考虑宏观科技政策，着眼于未来科技的可持续发展。

为了合理配置固定性经费（Stable Funding）和竞争性经费（Competitive Funding）在科技经费预算中的占比，从20世纪90年代起，英国在各高校和科研机构中推行了透明成本核算法（Transparent Approach to Costing），并在项目层面上发展为全经济要素成本核算法（Full Economic Costing）。据此，科技管理部门可以对科研成本进行准确核算，为科技经费预算分配提供科学的依据。

（二）科技经费绩效预算执行过程的灵活性

在不突破年度财政支出限额的条件下，英国的科技管理部门可以根据不同科研部门的实际需求，相对灵活地分配预算资源。这在一定程度上也是对霍尔丹原则的遵循和贯彻。

高等教育基金会将从DBIS获得的科技经费，以各高校的科研绩效评价排名为依据，采用拨款、贷款等多种形式进行分配。对不符合资助条件的院校，有权追回部分或者全部拨款。尤为值得一提的是，这一举措是不受财政部约束的，高等教育基金会在科技经费配置上拥有较大的相机抉择权力。

英国研究理事会作为非政府机构（Non-Department Public Bodies），拥有独立的政策制定、经费使用和管理的权力。政府只负责为研究理事会制定宏观发展战略，不得干预其日常工作。DBIS将科技经费划拨给研究理事会后，各学科理事会根据其学科发展规划，通过竞争机制将资金再分配给高校和科研机构。

（三）科技经费绩效预算审计监督的独立性

在英国，每一财政年度结束后，科技管理部门针对本部门的预算执行情况，向议会提交绩效报告，并接受绩效审计。英国财政部定期针对科技管理部门展开综合支出审查（Comprehensive Spending Review）。独立于科技管理部门的绩效审计机制，使得审计结果更加客观公正，更具有说服力，便于政府和民众有效监督科技经费的使用。

（四）科技经费预算管理对绩效信息的充分利用

在绩效管理框架下，高等教育基金会和研究理事会建立了各具特色的绩效管理系统，其产出绩效信息也成为下一轮科技经费预算资金分配的重要依据。为合理配置科技预算资金，自 1986 年起，高等教育基金会每隔四五年在各高等院校开展一次科研评估活动。科研质量的等级排名和成本调整系数作为评估结果，均直接进入拨款金额的计算公式。

研究理事会的绩效管理系统是 2005 年引入的，绩效管理系统包括三个组成部分：传送计划，计分卡和产出框架。每一个传送计划制定未来三年的核心目标，计分卡按照季度详细列明最终目标和阶段目标，产出框架则集中显示了衡量标准和具体数据。研究理事会的绩效管理系统所提供的大量精确数据和衡量标准，是其分配科技经费的核心信息来源。

三、启示与借鉴

（一）在科技经费预算管理中引入协调机制

在现时的中国，科技部在科技预算中具有主导性作用，同时国家发展改革和委员会、教育部、中国科学院、国家自然科学基金委员会等部门，也在科技经费预算管理中发挥着重要作用。由于众多部门同时参与科技经费预算管理，各部门之间的相互协调就显得尤为必要。在科技预算管理实践中，由于科研经费投入的集中度相对较低，难免出现同一课题在多个部门的科研计划中同时立项，或者早已结项多年的课题仍由其他机构重复研究，并套取科技经费的问题。

因此，我国急需在科技经费预算管理中引入信息共享与协调机制。英国的科技经费预算以 DBIS 为主导，高等教育基金委员会和七大研究理事会组成的"双重支持系统"以及众多科研机构相互协调的管理格局，对我国具有一定的借鉴意义。在现行科技经费预算管理体制下，应该增进各部门之间的协同创新机制，构建立项信息共享平台，为科技经费预算决策的协调提供信息保障，尽快构建并完善统一协调的科技经费预算管理体系。

（二）在科技经费预算框架中引入绩效理念

就我国科技经费预算管理现状而言，尚不具备全面推行绩效预算改革的条件。但针对科技经费进行多种方式的绩效评价，不仅可以为科技经费预算方案的调整提供科学依据，而且可以为后续年度的预算决策提供有效参考。因此，应该在科技经费预算中尽快引入绩效管理的理念，为今后更为彻底的科技经费绩效预算改革做好前期准备。

借鉴英国的经验，可以针对高校和科研单位的科研计划、科研项目进行绩效评估，并将评估结果与科研经费拨款适当挂钩，保证科技经费拨款与科研计划、科研项目的"捆绑"，然后再"自下而上"逐步实现对科技预算分配的绩效管理。

（三）加强对科技经费预算的审计监督

科技经费预算是公共预算的重要组成部分，加强审计监督是保证科技经费使用效率，避免资金浪费的关键。目前，我国在科技经费预算的审计监督方面还存在一些问题：部分地方政府、财政部门和科技管理部门重视科技经费的分配，却对资金的使用效率缺乏关注；某些科研项目立项之后未能尽快实施，造成了大量资金闲置；审计部门局限于科技经费的合规性审计，却因技术水平与管理理念的局限，而忽视了对科技经费支出效益效果的审计等。

英国是世界上较早实行绩效审计的国家之一，至今已形成比较成熟的绩效审计体制，并且在管理、财务和运作上，表现出很强的独立性。每一预算年度的审计结果由议会公共账户委员会反馈给各支出部门，同时也向社会公开。我国可以在借鉴其经验的基础上，积极开展科技经费预算管理的效益效果审计，重点审计科技投入与产出，科技成果的生产力转化，充分发挥审计监督改进科技经费绩效结果的促进作用。

参考文献：

[1] 高志良. 19 世纪中后期英国科技教育运动的历史经验 [J]. 河北师范大学学报，2010 (12).

[2] 潘泽勇. 国家意志与科学家自由探索的结合——英国政府科学预算分配方案浅析 [R]. 驻英国使馆科处研究报告，2009.

[3] 贺淑娟. 英国国家科技政策的演变（1850 年至 1990 年）[J]. 苏州：苏州科技学院，2011.

[4] 陈志勇. 英国高等教育财政拨款体制研究 [D]. 武汉：华中师范大学，2007.

[5] 王仲成. 英国科技资源的统筹利用和优化配置——以政府财政科技经费投入为例 [J]. 全球科技经济瞭望，2012 (27).

[6] 王仲成. 后金融危机时代英国科研经费投入的特点和趋势 [J]. 全球经济瞭望，2011 (26).

[7] 李晓轩，等. 英国科研项目全经济成本核算改革及其启示 [J]. 政策与管理研究，2010 (25).

[8] 刘娅. 英国部分科研经费管理研究 [J]. 世界科技研究与发展，2008 (30).

[9] 欧阳进良，等. 英国双重科研资助体系下的科技评估及其经验借鉴 [J]. 科学学研究，2009 (27).

[10] 卿涧波. 我国科研经费管理存在的问题、原因及路径创新 [J]. 湖南财政经济学院学报，2012 (4).

[11] 张晨. 英国绩效预算模式对我国绩效预算改革的借鉴意义 [J]. 管理观察，2012 (13).

[12] Roy M. Macleod, E. Kay Andrews. Scientific Advice in the War at Sea, 1915—1917: the Board of Invention and Research [J]. Journal of Contemporary History, 1971 (6).

[13] Andrew Hull. War of words: the public science of the British scientific community and the origins of the Department of Scientific an Industrial Research, 1914—16 [J]. the British Journal for History of Science, 1999 (32).

四川省县区城乡居民收入与财政透明度相关性的研究

■ 冯力沛*

内容提要： 近些年，城乡居民收入差距不断拉大，财政政策却没有充分发挥调节收入的作用。财政透明度能否解决这一问题成为本文研究的目的。本文首先分析了四川省县区 2010 年的城乡居民收入状况；然后以《中国市级政府财政透明度研究报告》的指标体系为基础，加入两项时间指标后对四川省县区 2010 年的财政透明度状况进行了衡量统计；最后分析了城乡居民收入与财政透明度之间的相关性。分析结果显示，财政透明度与城镇居民家庭人均可支配收入和农民人均纯收入之间均存在正向相关，而与城乡居民收入差距之间存在反向相关。

关键词： 县区　城乡居民收　财政透明度　相关性

改革开放三十多年来，我国社会经济取得了长足的发展，但是，城乡居民收入的差距却在不断拉大，成为制约我国社会经济进一步发展的桎梏。虽然近些年我国政府不断出台财政惠农政策，但是由于长期实行城乡二元经济的发展模式，所以我国财政政策调节社会收入公平的职能没有得到充分发挥。不过，我们也应看到，某些地区的城乡居民收入差距的拉大幅度要比其他地区的小，收入分

---

* 冯力沛，西南财经大学财政税务学院博士研究生。

配相对"公平"。是什么因素造成这一状况的出现？Kopits（2000）认为，财政透明度是实现社会公平的重要因素。这是因为，财政透明可以使政策制定者综合考虑各种因素，最大限度地兼顾各方利益。因此，我们可以认为，财政透明度是影响城乡居民收入水平的重要因素。又是什么因素会影响财政透明度？关绮鸿（2002）认为，财政信息的需求是决定财政透明度高低的关键性因素之一。而财政信息需求的高低主要依赖于城乡居民的收入水平。这是因为收入水平越高，城乡居民承担收集成本的能力会越强，收集信息的渠道将越多，财政信息的需求就会增强。因此，我们也可以认为，城乡居民收入水平是影响财政透明度的关键因素。综上所述，城乡居民收入水平与财政透明度之间将存在一定程度的正向相关。

现有文献对我国城乡居民收入的实证研究已涵盖各级行政辖区，但对城乡居民收入与财政透明度相关性的研究却相对不足。这主要是因为衡量我国政府财政透明度的工作相对滞后且主要集中在中央政府及部门、省级政府和市级政府上，对于县区级政府财政透明度的衡量还没有涉及。县区级政府虽然处于基层，但是却承担着为全社会提供主要公共品的职能，并且作为乡级政府的直接领导，县区级政府的财政决策对城乡居民收入的影响更为深远。因此，研究县区城乡居民收入和财政透明度的相关性将有助于我国从根本上确立公共财政体制，充分发挥公共财政的职能，推动新型城镇化的发展。但是，鉴于我国县区级政府数量庞大，本文只选取四川省181个县区①2010年的城乡居民收入和财政透明度状况作为研究对象。

一、四川省县区城乡居民收入的状况

（一）城镇居民家庭人均可支配收入的状况

根据相关数据显示②，2010年四川省181个县区中城镇居民家庭人均可支配收入最低的县区是宜宾市屏山县，它也是城镇居民家庭人均可支配收入唯一低于一万元的县，有9558元；人均可支配收入最高的县区是成都市武侯区，有24 210元，二者相差14 652元。按照1000元为一个等级对城镇居民家庭人均可支配收入进行分段后可看出，城镇居民家庭人均可支配收入大多处于12 000~16 000元之间，共有146个，占县区总数的80.7%，其中人均可支配收入处于14 000~15 000元的县区最多，有48个，占县区总数的26.5%，其次是人均可支配收入处于13 000~14 000元的县区，有34个，占县区总数的18.8%。城镇居民家庭人均可支配收入的平均值是14 649元，高于平均值的县区有76个，占到181个县区总数的42%，其中成都市、阿坝藏族羌族自治州和甘孜藏族自治州的县区比例较高，

---

① 截至2013年9月，四川省的县区级政府总数为184个，但本文的研究县区数是181个。这是因为，2013年2月，新成立的县区级政府为广安市前锋区和巴中市恩阳区；成都市高新区因其行政地位也没有被纳入研究范围。2013年4月，广元市元坝区更名为昭化区；2013年7月，达州市达县更名为达川区。为了和指标体系中预决算报告的时间相符，本文仍沿用旧有称呼。

② 数据来源：中国经济社会发展统计数据库。

分别是 8.84%、7.18% 和 5.53%；城镇居民家庭人均可支配收入低于平均值的县区有 105 个，约占县区总数的 58%，其中凉山彝族自治州的县区占比为 8.29%，甘孜藏族自治州和南充市的县区占比均是 4.42%。从以上的数据分析可以看出，2010 年四川省各县区之间城镇居民家庭人均可支配收入的差距较大。

（二）农民人均纯收入的状况

根据 2010 年四川省 181 个县区农民人均纯收入的数据，农民人均纯收入最高的县区是成都市武侯区，为 13 365 元；农民人均纯收入最低的县区是甘孜藏族自治州色达县，为 2360 元，二者相差 11 005 元。农民人均纯收入高于 10 000 元的县区仅有 6 个，且均为成都市市辖区，只占 181 个县区总数的 3.31%。按照 1000 元为一个等级对农民人均纯收入进行分段后可以看出，农民人均纯收入大多处于 3000~7000 元之间，共有 138 个，占县区总数的 76.24%，其中农民人均纯收入处于 5000~6000 元的县区最多，有 57 个，占县区总数的 31.5%；其次是农民人均纯收入处于 3000~4000 元的县区，有 32 个，占县区总数的 17.7%。农民人均纯收入的平均值是 5333 元，高于平均值的县区有 98 个，约占县区总数的 54%，其中成都市和宜宾市的县区比例较高，分别是 10.5% 和 4.42%；农民人均纯收入低于平均值的县区有 83 个，占县区总数的 46%，其中甘孜藏族自治州、阿坝藏族羌族自治州和凉山彝族自治州的县区比例较高，分别为 9.94%、7.18% 和 6.63%。从以上的数据分析可以看出，2010 年四川省县区农民人均纯收入的整体水平较低。

（三）城乡居民收入差距的状况

根据相关数据的显示，四川省 2010 年城乡居民收入差距最大的县区是甘孜藏族自治州理塘县，为 14 492 元；城乡居民收入差距最小的县区是南充市蓬安县，为 4492 元，二者相差 10 000 元。城乡居民收入差距高于 10 000 元的县区有 54 个，占县区总数的 29.8%。按照 1000 元为一个等级对城乡居民收入差距进行分段后可以看出，城乡居民收入差距大多集中在 7000~11 000 元之间，共有 134 个，占县区总数的 74.03%，其中城乡居民收入差距处于 8000~9000 元的县区最多，有 55 个，占县区总数的 30.4%；其次是城乡居民收入差距处于 9000~10 000 元的县区，有 34 个，占县区总数的 18.8%。城乡居民收入差距的平均值是 9316 元，高于平均值的县区有 76 个，占县区总数的 42%，其中甘孜藏族自治州、阿坝藏族羌族自治州和凉山彝族自治州的县区比例较高，分别是 9.94%、7.18% 和 6.08%；城乡居民收入差距低于平均值的县区有 105 个，其中成都市、南充市和宜宾市的县区比例较高，分别为 7.18%、4.97% 和 4.42%。以上的数据分析表明，四川省各县区 2010 年的城乡居民收入差距整体较大。

二、四川省县区财政透明度的状况

由于现有文献没有提供可以使用的县区财政透明度数据，因此本文需要对四川省县区的财政透明度状况进行衡量。本文以清华大学 2012 年发布的《中国市级政府财政透明度研究报告》的指标体系为基础，加入两项时间指标后，将对四川省县区 2010 年的财政透明度状况进行衡量。表 1 是衡量四川省县区级政府财政透明度所采用的指标体系。

表 1   衡量四川省县区级政府财政透明度的指标体系

序号	指标内容
(1)	公布政府的结构和职能
(2)	公布显示政府与其他公共部门的关系图
(3)	公布 2011 年预算报告
(4)	公布政府性基金、土地出让金、债务、"三公"消费情况
(5)	公布 2010 年预算执行情况的报告
(6)	网上公布 2011 年预算报告和 2010 年预算执行情况报告的时间
(7)	公布 2010 年决算报告
(8)	网上公布 2010 年决算报告时间
(9)	公布 2010 年预算会计基础（现金制/收付制）以及编制和介绍预算数据所使用的标准
(10)	公布预算外活动、债务和金融资产、或有负债和税收支出信息

第一项指标是要求县区级政府明确政府结构和职能，最佳做法是政府遵守国民账户体系对经济部门的定义来公布结构和职能；第二项指标是要求县区级政府对与非政府公共部门机构（即公共金融机构和非金融公共产业）之间的关系做出明确的安排，其中公共金融机构包括公共保险公司及养老金、其他公共金融中介及公共金融辅助机构等，非金融公共产业则包括从事农业、交通、医疗、教育及其他非金融个人和企业服务的公司等；第三项指标要求县区级政府向本级人大提供 2011 财政年度的预算报告并向公众公布，预算报告应包含对预算执行情况的全面分析，包括对所有主要收入、支出和融资项目上一年的年中数据和对预算执行结果的最新预测，说明引起预算偏离预计的预算执行结果的主要因素；第四项指标是要求县区级政府详细公布 2010 财政年度的政府性基金、土地出让金、债务及三公经费；第五项指标要求县区级政府向本级人大提供 2010 财政年度的与主要预算项目的目标相比的实际执行结果；第六项指标是针对第三项和第五项指标的网络公布时间来设定的，要求县区级政府在政府网站及时公布 2011 年度预算报告和2010 年度预算执行情况报告；第七项指标是要求县区级政府在 2010 财政年度结束后的一年内向本级人大提供决算账户，决算账户应说明遵守由人大通过的预算的情况，应与预算拨款详细核对协调，并提供概述性表格反映与原拨款偏离的主要原因，应与预算采用相同的格式，并反映与人大批准的原预算相比的任何年内变化，还应包括前两个财年的比照信息；第八项指标是针对第七项指标的网络公布时间而设立的，要求县区级政府及时公布 2010 财政年度的决算报告；第九项指标

是要求县区级政府公布年度预算和决算账户所采用的会计基础以及用于编制和表述预算数据的标准；第十项指标则是要求县区级政府公布 2010 财政年度的预算外活动、负债和金融资产、或有负债和税收支出的信息。其中，负债包括县区级政府直接负债、县区级直属机构和下一级政府的负债、地方投融资平台的负债、地方国有企业负债和地方事业单位负债等，金融资产包括由县区级政府及下属各部门、各企事业单位持有的各位金融资产，税收支出是指那些与税制结构相背离的特殊减免条款项目所形成的收入损失或放弃的收入。

基于以上的指标体系，本文采用如下的计分标准：

（1）除第六项和第八项外的各项，若全部公布，得 1 分；若全部不公布，得 0 分。

（2）第一项若只公布机构名称，不公布职能，得 0.5 分。

（3）第二项若只公布公共部门名称，不公布其与政府的关系，或者公共部门名称公布不完整，或者公共部门职能未公布，得 0.5 分。

（4）第三项、第五项、第七项，若只公布历史数据，得 0.1 分。

（5）第四项、第九项和第十项，公布每一要点可得 0.25 分。

（6）第三项和第五项，若公布信息不完整或只有报告摘要，得 0.5 分。

（7）为了体现财政透明度的及时性原则，符合六个月公布报告的最佳做法，第六项和第八项的计分标准设置如下：政府公布报告（包括历史数据）的网上时间若处于预算上一年度 11 月到预算年度 6 月之间，得 1 分；若处于 7~12 月之间，得 0.5 分；若处于预算下一年度，得 0 分。

这十项指标的总分为 10 分。四川省各县区政府公开的财政信息将按照这些计分标准逐项进行计分，加总后便是各县区政府的财政透明度情况。基于这一指标体系及计分标准，笔者从 2013 年 7~9 月通过访问各县区政府网站、财政局网站及利用搜索引擎的方式，对四川省县区 2010 年的财政透明度状况进行了计分统计。统计结果显示（见表 2），四川省县区级政府财政透明度的整体水平较低，平均分值只有 1.83 分，分值高于 6 分的县区级政府只有 2 个，占县区总数的 1.1%；财政透明度分值最高的县区是成都市武侯区，有 6.25 分，分值最低的县区是遂宁市大英县和宜宾市长宁县，因为大英县的政府网站不能访问和长宁县的政府网站没有公布任何指标的内容，故其分值均为 0 分；按照一分为一个等级对财政透明度状况进行分段后可以看出，分值低于 2 分的县区占县区总数的比重最高，为 65.2%，其中分值低于 1 分的县区就有 69 个，占县区总数的 38.12%。因此，未来提升四川省县区级政府财政透明度还有巨大的空间。

表 2 　　　　　　　　　四川省县区 2010 年财政透明度的状况

县区	财政透明度	县区	财政透明度	县区	财政透明度
阿坝县	1	江油市	4.25	壤塘县	0.5
安居区	0.5	金川县	0.5	仁和区	4.35

表2(续)

县区	财政透明度	县区	财政透明度	县区	财政透明度
安县	0.5	金口河区	5.25	仁寿县	0.5
安岳县	0.5	金牛区	4.25	荣县	1.2
巴塘县	0.5	金堂县	4.25	若尔盖县	4.25
巴州区	0.7	金阳县	1.8	三台县	0.5
白玉县	0.5	锦江区	4.25	色达县	0.5
宝兴县	0.5	旌阳区	0.5	沙湾区	0.5
北川县	0.5	井研县	0.5	射洪县	1
布拖县	0.5	九龙县	0.5	什邡市	3.25
苍溪县	1	九寨沟县	1	石棉县	1
朝天区	4.25	筠连县	0.5	石渠县	0.5
成华区	3.25	开江县	3.75	市中区（乐）	0.5
崇州市	5.25	康定县	1	市中区（内）	3.75
船山区	0.5	阆中市	4.25	双流县	2
翠屏区	0.5	乐至县	1	顺庆区	1
达县	4.35	雷波县	0.5	松潘县	2.2
大安区	3.75	理塘县	0.5	天全县	0.5
大邑县	4.75	理县	0.5	通川区	0.5
大英县	0	利州区	3.75	通江县	0.5
大竹县	1	邻水县	0.5	万源市	4.35
丹巴县	1	龙马潭区	1	旺苍县	1
丹棱县	0.5	龙泉驿区	5.25	威远县	0.5
道孚县	0.5	隆昌县	3.25	温江区	2.7
稻城县	1.5	芦山县	1	汶川县	1.7
得荣县	0.5	炉霍县	0.5	五通桥区	0.5
德昌县	0.5	泸定县	2.75	武侯区	6.25
德格县	0.5	泸县	2	武胜县	4.25
东坡区	0.5	罗江县	1	西昌市	4.25
东区	4.85	马边县	1.7	西充县	1
东兴区	2	马尔康县	4.25	西区	1.1
都江堰市	4.75	茂县	3.25	喜德县	1
峨边县	0.5	美姑县	1	乡城县	1
峨眉山市	0.5	米易县	1	小金县	2
涪城区	0.5	绵竹市	2.75	新都区	5.25

表2(续)

县区	财政透明度	县区	财政透明度	县区	财政透明度
富顺县	2.5	冕宁县	1	新津县	4.75
甘洛县	1	名山区	1	新龙县	0.5
甘孜县	0.5	木里县	0.5	兴文县	3.75
高坪区	1	沐川县	3.25	叙永县	0.5
高县	0.5	纳溪区	1	宣汉县	1
珙县	3.75	南部县	1	雅江县	0.5
贡井区	3.25	南江县	3.75	沿滩区	1
古蔺县	0.5	南溪区	0.5	盐边县	1
广安区	0.5	宁南县	1	盐亭县	0.5
广汉市	2.2	彭山县	0.5	盐源县	0.5
汉源县	0.5	彭州市	5.25	雁江区	4.25
合江县	1	蓬安县	3.8	仪陇县	0.5
黑水县	1	蓬溪县	0.5	宜宾县	3.75
红原县	0.5	郫县	5.35	荣经县	0.7
洪雅县	0.5	平昌县	3.75	营山县	1
华蓥市	4.75	平武县	0.5	游仙区	0.5
会东县	1	屏山县	0.5	雨城区	1
会理县	0.5	蒲江县	3.2	元坝区	1
嘉陵区	1	普格县	1	岳池县	3.25
夹江县	0.5	青白江区	4.5	越西县	1.6
犍为县	1	青川县	2.2	长宁县	0
简阳市	3.75	青神县	3.25	昭觉县	1
剑阁县	0.5	青羊区	6	中江县	1
江安县	0.5	邛崃市	5.25	资中县	3.85
江阳区	1	渠县	1	梓潼县	3.25
自流井区	4.25				

三、四川省县区城乡居民收入与财政透明度的相关性

依据以上收集的县区城乡居民收入与财政透明度的数据,这部分将分析四川省县区城乡居民收入与财政透明度之间的相关性。表3是四川省县区2010年城乡居民收入与财政透明度相关性的分析结果。

表3　　　　四川省县区 2010 年城乡居民收入与财政透明度的相关性结果

	城镇居民家庭人均可支配收入	农民人均纯收入	城乡居民收入差距
财政透明度	0.292	0.4798	−0.1559

数据来源：根据四川省县区 2010 年的城乡居民收入与财政透明度的数据测算得出。

（一）城镇居民家庭人均可支配收入与财政透明度的相关性

根据表 2 的结果可知，财政透明度与城镇居民家庭人均可支配收入的相关性系数是 0.292，这表明 181 个县区中 29.2% 的县区城镇居民家庭人均可支配收入与财政透明度存在正向相关关系。图 1 是反映四川省县区财政透明度与城镇居民家庭人均可支配收入之间相关性的散点图。

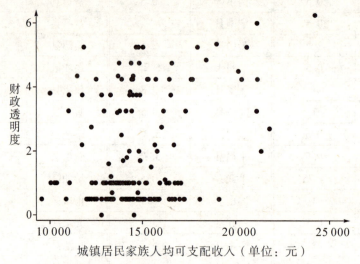

图 1　四川省县区财政透明度与城镇居民家庭人均可支配收入的相关性

从图 1 可以看出，绝大多数样本点均集中在图形的左侧，只有为数不多的样本点分布在图形的右侧。图形左侧的样本点表明，随着城镇居民家庭人均可支配收入的增长，财政透明度并没有显示出明显的上升趋势，但是结合图形右侧的样本点后，我们可以看到城镇居民家庭人均可支配收入与财政透明度之间还是存在一定程度的正向趋势。这样的正向趋势表明，财政透明度的提高会减少一些影响城镇居民可支配收入的不确定性因素，保障城镇居民可支配收入的稳定增长，而城镇居民家庭人均可支配收入的增长又会增强城镇居民收集财政信息的支付能力，财政信息需求的提高会带动财政透明度的提高。

（二）农民人均纯收入与财政透明度的相关性

表 2 中的第三列是财政透明度与农民人均纯收入的相关性系数，为 0.4798。这表明约 48% 的县区农民人均纯收入与财政透明度存在正向相关的关系。相较于财政透明度与城镇居民家庭人均可支配收入的关系，财政透明度与农民人均纯收入的关系更为密切。图 2 是反映四川省县区财政透明度与农民人均纯收入之间相关

性的散点图。

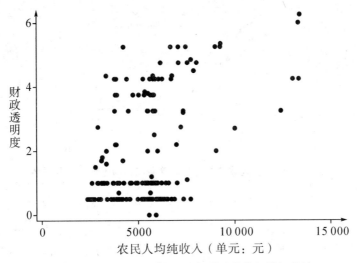

图2　四川省县区财政透明度与人均纯收入的相关性

从图2中可以看出，绝大多数样本点集中在图形的中间偏左，只有几个样本点分布在图形的右侧。总体上看，样本点虽然集中，但是仍存在由左下向右上的正向趋势。这样的正向趋势表明，财政透明度的提高会促使政策制定者制定出兼顾各方利益的政策，为实现城乡公共服务均等化，农民人均纯收入将出现稳定增长，而农民人均纯收入的增长会增强农民收集财政信息的支付能力，拓宽农民收集财政信息的渠道，财政信息需求的提高会带动财政透明度的上升。

（三）城乡居民收入差距与财政透明度的相关性

由表2可知，城乡居民收入差距与财政透明度的相关性系数为-0.1559。这表明四川省约15.6%的县区城乡居民收入差距与财政透明度存在反向关系。图3是反映四川省县区2010年城乡居民收入差距与财政透明度相关性的散点图。

从图3可以看出，样本点虽然总体上分布比较分散，但是图形的左下方仍出现空白，样本点显示出由左上向右下的趋势。这一趋势表明，财政透明度的提高会缩小城乡居民收入的差距，而城乡居民收入差距的缩小又会提高财政透明度。这是因为，财政透明度对农民人均纯收入的影响大于对城镇居民家庭人均可支配收入的影响，这进一步说明财政透明度可以促使政策制定者制定出兼顾各方利益的政策，将之前倾向于增加城镇居民收入的政策转变为实现城乡居民收入公平的政策，而农民人均纯收入始终是我国社会经济发展的"短板"，如果城乡居民的收入差距缩小，那么农民将会和城镇居民一样为消除不确定性因素对自身收入的冲击而对财政信息产生高需求，这样政府部门迫于公众的高需求将提高财政透明度。

四、结论

由数据的分析结果可知，即使是城镇居民家庭人均可支配收入，四川省各县

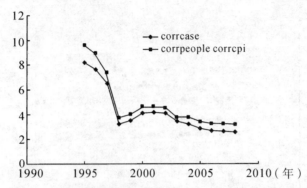

图3　四川省县区城乡居民收入差距与财政透明度的相关性

区之间也存在较大的差距。至于农民人均纯收入更是整体水平较低，城乡居民收入差距也较大。同样，四川省县区 2010 年的财政透明度整体水平也不高。不过，通过分析财政透明度与城乡居民收入的相关性可以看出，四川省县区财政透明度不仅与城镇居民家庭人均可支配收入存在正向关系，而且与农民人均纯收入存在相对密切的正向关系，所以四川省县区财政透明度才能与城乡居民收入差距之间存在反向相关。因此，为推动新型城镇化的建设，同时要兼顾城镇居民的利益，四川省县区政府需提高财政透明度，使出台的财政政策能够惠及更多的城乡居民。这样不仅有助于缩小县区之间城镇居民收入的差距，还可以带动农民收入的大幅增长。而城乡居民收入的增长反过来又会带动财政信息需求的增强，促使政府进一步提升财政透明度，提高公共财政的绩效，从而构建起一个能够使财政透明度与城乡居民收入良好互动的机制。具体措施是：四川省县区政府将财政信息公开进一步制度化，从制度上保障财政信息公开的及时、有效、可靠及真实；同时，鉴于农民生活水平较低，可以专门为农民开通免费的信息获取渠道，比如手机信息等。

参考文献：

［1］王雍君. 全球视野中的中国财政透明度——中国的差距与努力方向［J］. 国际经济评论，2003（4）.

［2］李燕. 财政预算透明度提升的环境基础研究报告［M］. 北京：中国社会科学出版社，2011.

［3］Joachim Wehner，Paolo de Renzio. Citzens，Legislators，Executive Disclosure：The Political Determinants of Fiscal Transparency［J］. World Development，2013（41）：96-108.

［4］Sonia Goncalves. The Effects of Participatory Budgeting on Municipal Expenditure and Infant Mortality in Brazil［J］. World Development，2013.

腐败是 FDI 的沙子吗

——来自中国的证据

■ 余 梦[*]

内容提要：我国国际直接投资（FDI）的高速增长伴随着腐败高度盛行带来的"双高之谜"悖论引起了国内外学者的广泛关注，这表明两者之间有着某种必然联系还是仅仅出于某种巧合呢？本文试图在现有文献的研究基础上，以国际贸易投资理论为基础，选取我国 31 个省市自治区 2000—2010 年详细的腐败信息和省级 FDI 的面板数据作为研究对象，通过对省级层面数据建立的动态面板模型进行 SYS-GMM 估计发现，腐败是阻碍我国 FDI 增长的"沙子"而非"润滑剂"。

关键词：腐败 FDI 系统广义矩估计

一、引言

腐败与 FDI 关系的研究也是近年来新制度经济学和我国投资理论研究的前沿问题，国内外不乏关于腐败与 FDI 关系的研究文献，其中以国外的研究文献居多。但是现有文献大都基于国际层面的研究（Mo, P. H. 2001），利用国家层面数据，基于国与国或者地区与地区之间腐败与 FDI 的情况进行实证研究，而很少以单一国家作

---

* 余梦，西南财经大学财政税务学院硕士研究生。

为研究对象。这不仅增加了研究的复杂性与不确定性，而且忽略了不同个体的内在特殊性。再者，由于腐败度量的困难导致技术上的研究不足，因而很难得出令人信服的实证结果。国内虽然出现了很多研究中国的腐败与经济增长或者腐败与其他经济变量关系的研究文献（徐静、卢现祥，2010），但是很少有文献专门就中国的腐败与 FDI 的关系进行研究，基于省级层面的分析则更少。而且，我国对腐败的研究中关于腐败成因理论的研究不足，更多的是借鉴国外的理论来研究中国的腐败问题，但是很多理论并不适用于我国社会主义初级阶段的特殊国情，国内的某些理论也存在着解释能力不足、个别还存在意识形态偏见等问题。尤其是关于腐败与经济增长之间关系的证据有其自身的实证和理论弱点。

因此，本文将利用中国省级层面的面板数据来考察地方政府腐败是否显著影响了国际直接投资的积极性，中国的地方政府究竟是外商直接投资的"润滑剂"还是"沙子"？本文将在现有文献的基础上，首先对腐败与 FDI 的相关理论和实证文献进行梳理，第三部分提出理论假说，第四部分进行计量分析，最后得出结论。

二、文献综述

腐败作为一个古老而敏感的社会问题，历来都受到学界和社会的广泛关注，FDI 作为当今世界经济全球化的重要标志和促进一国经济增长的重要因素，一直是经济理论界的一个热门研究领域，因此涌现出了许多有关腐败以及 FDI 的有价值的研究。从研究腐败的影响范围来看，一类是研究腐败对整个国民经济的影响。国外的许多研究都证实了腐败对经济发展的影响。国内相关研究也实证检验了腐败对经济增长的总体效应，发现中国的腐败显著地阻碍了经济增长（陈刚、李树、尹希果，2008）。另一类则将分析视角转向了具体的各经济领域，主要可分为腐败对私人投资（陈屹立、邵同尧，2012）、公共投资（Tanzi, Vito and Hamid Davoodi, 1997）以及 FDI 的影响。腐败与 FDI 的文献是本文关注的重点。本文接下来将从两个角度对相关研究结果进行梳理和总结。

第一个角度主要就腐败与 FDI 的关系而言，从腐败对 FDI 影响的性质划分。大致可以分为以下几类：第一类是大量实证结果所支持的"腐败摩擦论"。腐败与 FDI 呈负相关关系，腐败被描述为是增加跨国公司成本的"沙子"，阻碍了 FDI 的流入。Wei（2000）利用比较严谨的实证方法证明了东道国腐败程度与 FDI 间的显著负相关关系，他的实证结果证明东道国腐败程度的提高与提高税率的效果一样会降低 FDI 的流入；Habib and Zurawicki（2002）也得出同样的结论，他们利用 1996—1998 年 89 个东道国和 7 个经济合作与发展组织（OECD）母国的数据，共形成了 1869 个样本，同时他们还证明了母国腐败程度与东道国腐败程度间的差距与 FDI 具有显著的负相关关系；韩冰洁和薛求知（2008）以 2002 年 FDI 东道国 113 个经济体与 183 个 FDI 来源国之间相互外商直接投资共 1975 个有效样本为研究对象，运用 OLS 法，表明东道国腐败不但会对流入该国的外商直接投资总量产生影响，而且会影响 FDI 的来源。运用国际公开数据，以 FDI 流入作为研究对象，实证检验以上理论假设，结果证明东道国腐败会对外商直接投资产生负面影响。如果 FDI 来源国存在海外反腐败法，东道国腐败就会使来自这些国家的 FDI 减少。还有许多文献也得出了类似结论（Egger and Winner, 2003）。第二类是"腐败有效论"。发现东道国腐败有利于吸引 FDI 流入，代表性研究是 Egger 和 Wllmer（2005）。该研究表明腐败无论在短期内还是在长期内都与 FDI 流入呈正相关关系。因，此腐败也被描述为"润滑剂"，促进了 FDI 的流入，但是出现这类研究的并不是很多。

第二个角度是从腐败对 FDI 具体影响的角度进行划分。目前学术界的研究主要分为四个方面：①腐败对国际资本流动类型的影响（Stephane Straub, 2005），认为腐败的存在使跨国公司更倾向于采取债务而非直接投资；②东道国腐败对国际投资总量的影响（Wei and Shleifer, 2000），发现腐败会降低 FDI 总量；③东道国的腐败对国际投资构成的影响（Beata S. Javorcik and Shang-jin Wei, 2009），腐败使外资进入模式向合资形式转变；④东道国和投资国腐败程度差异对国际投资的影响（Habib Zurawicki, 2002），投资国和东道国腐败指数 CPI 的绝对差异对 FDI 有显著负效应。

综上所述，国内外学者对腐败对 FDI 的净效应是不明确的。东道国存在既定的制度缺陷时，腐败有助于外国直接投资者有效地避开管制而进入该国市场，从这个角度讲，腐败与 FDI 流入之间存在着一定的正相关关系。然而，腐败是东道国制度风险的一种，腐败程度越高，外国投资者面临的风险越大；同时，腐败也可看成东道国对投资者征收的税收，腐败程度越高，投资者承担的成本就越高。因而，腐败阻碍了 FDI 的流入。从这个角度讲，腐败与 FDI 流入之间存在着一定的负相关关系。

三、变量选取与模型设定

（一）变量选取

1. 被解释变量：国际直接投资（FDI）

在统计年鉴中，FDI 的统计分为合同利用金额和实际利用金额这两种形式，目前绝大部分研究论文都把实际利用金额作为研究变量，本文也是如此。

2. 自变量：腐败程度

为了便于客观描述我国的腐败程度，前面已对衡量腐败的国际指标作了说明。关于国内腐败指数，宋林飞（2000）在社会风险预警指标体系中引入腐败指标体系，包括干部贪污贿赂案件立案数变动度、平均每件案件金额变动度、受惩罚干部平均职级变动度、受惩罚干部人数变动度、受惩罚干部比率变动度。上海《社会稳定指标体系》课题组（2003）把社会腐败指数，包括重大贪污腐败案件（20万元以上）立案率、重大司法腐败案件数及其增长率等纳入社会稳定突变状态的指标加以研究，社会腐败指数越大，社会越不稳定。国务院发展研究中心发展战略和区域经济研究部（2004）提出用全国检察机关直接立案的贪污贿赂的渎职案件数与国家机关党政机关和社会团体任职人员人数之比作为反映全面建设小康社会廉政状况的代行指标。

基于选取样本的特点，各种国际腐败指数在实际应用中得到了普遍承认，一定程度上衡量了一个国家的腐败程度，但是本文是基于我国省级层面数据的研究，因此没有选择以国家为单位的国际指标，而借鉴了国内常用的两个衡量腐败较好的指标来衡量地方政府腐败。一个指标是各省人民检察院每年立案侦查贪污贿赂、渎职案件数与公职人员数之比（件/千人），另一个指标是涉案人数与公职人员数之比（人/千人）。之所以不采用绝对数而是相对数来衡量，是考虑到政府的反腐力度也将影响到立案人数和涉案人数，而立案数和涉案人数与公职人员的比值则相应地控制住了反腐力度对两个指标的影响，这也更能准确反映真实的腐败程度。

3. 控制变量

（1）国内生产总值（gdp）。根据外商直接投资的区位选择理论，地区市场容量和经济发展程度是影响 FDI 的重要因素，因此也是外商直接投资的主要动机。各省的地区生产总值反映了一个地区经济发展水平，经济发展水平越高，越容易吸引外商投资。有的文献还选取人均 GDP 作为衡量指标，但是考虑到中国的具体情况，我们认为 GDP 是更适合的指标。预期符号为正。

（2）工资水平（wage）。企业的目标归根结底都是实现利润最大化。为了降低成本，工资水平是影响外商直接投资重要影响因素。许多外商投资者都是看中了一个地区廉价的劳动力。根据区位选择理论，劳动力成本是影响外商直接投资进行区位选择的重要因素之一，外商直接投资与工资水平负相关。预期符号为负。

（3）地区受教育水平（edu）。受教育程度反映了劳动力的素质，代表一个地区的人力资本。而这种劳动能力代表了一种资源，许多外商直接投资就是为了在世界范围内寻找自己需要的人力资源。用受教育水平衡量一个地区的劳动力素质是一个很好的指标，受教育劳动力越多越能提高生产效率和降低生产成本。预期符号为正。

（4）基础设施（rode）：基础设施建设在 FDI 区位决策中的重要性已经得到众多研究的支持。完善的基础设施条件对于降低生产和交易成本、提高投资回报率具有重要意义。一个地区的基础设施条件越好，对 FDI 的吸引力就越大。基础设施条件包括交通运输、商业服务、邮政通信、市政建设等方面。本文采用用每平方千米铁路里程数和公路里程数来度量基础设施，许多文献也都选用它们来代表基础设施存量状况，我们预计它们对 FDI 也是存在正效应的。

（5）开放度（open）。开放度是一个综合性的指标，采用外贸依存度来度量一个地区的开放度。开放度决定了一个地区对外资的接受程度、有无通畅的外销渠道、能否与国际接轨。我国原本属于较为封闭的经济体，对外国投资者而言是一个较为陌生的领域，相关的投资信息不易取得，因此开放度成为外国投资者重要的考虑因素。市场越开放，经济自由度越高，会降低企业的运行障碍，从而降低额外成本。而且，对外开放程度也可以显示一国在国际经济中的竞争力，由于商业业务间广泛的联系，使得开放程度较高的经济体能够吸引较多的 FDI。我们预期随着开放度的提高会伴随着越多 FDI 的流入。

（6）人口总数（pop）。人口总数代表了一个地区的市场容量。根据国际投资理论，市场容量也是经济体诱使外商在该国进行投资的主要动因。一般而言，人口越多的地区拥有强大的市场潜力，能吸引更多 FDI 流入。预期符号为正。

（7）消费水平（cons）。消费水平衡量一个地区的消费能力，属于经济环境的一类，消费能力越强，意味着市场潜力越大，能为外商直接投资提供良好的经济环境，越能吸引 FDI 的流入。预期符号为正。

（8）FDI 聚集效应（FDI_{t-1}）。外商直接投资具有很强的聚集效应，FDI 增量的区位选择受到特定区位 FDI 存量的影响，一个地区已有的外资企业越多，新的外资就越倾向于投资该地区。可见，FDI 聚集效应具有路径依赖特性，它能够通过外部规模经济不断的自我强化。聚集效应变量将采用前期的 FDI 水平进行计算。预期符号为正。

（二）各变量的测度及数据来源

表 1

变量	测度	经济含义	数据来源
外商直接投资	各省外商直接投资实际利用额取自然对数	衡量地区实际利用外资情况	商务部
腐败程度	每年立案侦查贪污贿赂、渎职案件数与公职人员数之比取自然对数	衡量一个地区的腐败程度	中国检查年鉴
国内生产总值	GDP 按当年价格计算取自然对数	衡量地区经济发展水平	中国统计年鉴
受教育水平	高校毕业生人数除以各省总人口数取自然对数	衡量一个地区的人力资本	中国统计年鉴
基础设施	每平方千米铁路里程数和公路里程数除以各省面积取自然对数	衡量一个地区基础设施状况	中国统计年鉴
工资水平	各省平均工资水平取自然对数	反映外商直接投资的成本	中经网数据库
开放程度	进出口总额与 GDP 之比取自然对数	衡量一个地区的开放水平	中国统计年鉴
消费水平	各省实际消费水平	衡量潜在的市场能力	中宏数据库
人口总数	各省实际人口总数取对数	衡量市场容量	中国统计年鉴
FDI 集聚效应	FDI 滞后一期项	衡量 FDI 的集聚效应	中国统计年鉴

（三）模型设定

选取了我国 31 个省、区、直辖市 2000—2010 年的年度数据所组成的面板数据作为研究对象，运用动态面板模型进行 SYS-GMM 估计，对腐败与外商直接投资的关系进行实证检验。本文所使用的基本模型如下：

模型一：

$$\ln(\text{fdi}_{it}) = \gamma_0 + \alpha_0 \times \ln(\text{corrcase}_{it}) + \beta_1 \times \ln(\text{gdp}_{it}) + \beta_2 \times \ln(\text{wage}_{it}) + \beta_3 \times \ln(\text{edu}_{it}) + \beta_4 \times \ln(\text{rode}_{it}) + \beta_5 \times \ln(\text{open}_{it}) + \beta_6 \times \ln(\text{cons}_{it}) + \beta_7 \times \ln(\text{pop}_{it}) + \beta_8 \times \ln(\text{fdi}_{it-1}) + \mu_{it}$$

模型二：

$$\ln(\text{fdi}_{it}) = \gamma_0 + \alpha_0 \times \ln(\text{corrpeople}_{it}) + \beta_1 \times \ln(\text{gdp}_{it}) + \beta_2 \times \ln(\text{wage}_{it}) + \beta_3 \times \ln(\text{edu}_{it}) + \beta_4 \times \ln(\text{rode}_{it}) + \beta_5 \times \ln(\text{open}_{it}) + \beta_6 \times \ln(\text{cons}_{it}) + \beta_7 \times \ln(\text{pop}_{it}) + \beta_8 \times \ln(\text{fdi}_{it-1}) + \mu_{it}$$

其中，γ_0 是常数项，α_0 为自变量系数，β_i 为控制变量系数，μ_{it} 为随机扰动项。公式中，fdi_{it} 是 i 省在第 t 年的实际利用外资总额，进行取对数后得到；corrcase_{it}，corrpeople_{it} 是 i 省在第 t 年的腐败程度；gdp_{it} 是 i 省在第 t 年的地区生产总值并取对数；wage_{it} 是 i 省在第 t 年的平均工资水平并取对数；edu_{it} 是 i 省在第 t 年的受教育程度并取对数；rode_{it} 代表 i 省在第 t 年的基础实施水平并取对数；open_{it} 是 i 省在第 t 年的对外开放水平并取对数；cons_{it} 是 i 省在第 t 年的消费水平并取对数；pop_{it} 是 i 省在第 t 年的人口总数并取对数。

我们把所有变量都取对数。这是因为自然对数使得对系数的解释颇具吸引力，而且由于斜率系数不随测度单位的变化而变化，还可以忽略以对数形式出现的变量的变化单位。

四、实证分析

（一）估计方法

由于在模型中纳入了国际直接投资的滞后一期项用来控制直接投资的动态调整过程，因此这个模型实际上是一个动态面板回归模型。对于动态面板回归模型，如果使用一般的面板回归方法（如固定效应模型或随机效应模型）有可能会得到有偏误的估计结果，而且我们模型中的 GDP 和国际直接投资之间还存在着明显的内生性问题。另外，决定 FDI 区位选择因素的变量繁多，基于数据取得和多重共线性的限制，我们只列出了主要的几个变量。那么未观测到的变量可能在误差项中，它们影响 FDI 且与式中的变量相关，这样估计出来的系数可能就是有偏的，这使得我们考虑使用对于动态面板估计更好的广义距估计（GMM）方法来解决上述问题。

该方法由 Arellano and Bover（1995）、Blundell and Bond（1997）提出，它先对回归方程进行差分，消除由于未观测到的省别效应造成的遗漏变量偏误，然后用解释变量的滞后期观测值作为解释变量差分项的工具变量以消除由于联立偏误造成的潜在的参数不一致性，并通过增加原始水平值的回归方程来弥补仅仅回归差分方程的不足和解决弱工具变量问题。Bond（2002）认为，GMM 估计的一致性取决于工具变量的有效性，两个识别检验是必要的。①Sargan 或 Hansen 过度识别检验，它检验工具变量的有效性；②差分误差项序列相关检验，是否一阶序列相关，而二阶序列不相关。

（二）结果分析

利用 Stata 软件对 2000—2010 年中国的省际面板数据构成的模型进行了 GMM 估计，由于腐败采用了两个指标，因此我们分两个模型进行讨论。解释变量的相应的 Hansen 检验结果表明我们模型工具变量选择满足过度识别约束条件，因此 GMM 估计较好地克服了解释变量的内生性问题，估计结果是有效的。

通过以上两个模型的 GMM 估计结果我们可以发现，在选取的八个控制变量中，只有工资水平与 FDI 负相关，且在 0.01 的显著性水平下显著，因为工资衡量外商直接投资的成本。其余控制变量都是正相关的。而且除了第一个模型中，教育在 0.05 的显著性水平下显著以外，其余的均在 0.01 的显著性水平下显著，模型拟合效果较好，相关统计检验结果也令人满意，与我们的理论预期显著相符。

重要的是，我们设定的两个模型均证实了腐败和 FDI 之间存在明显的负相关。第一个腐败指标和第二个腐败指标的回归系数均为负，且在 0.05 的显著性水平下显著，表明一个地区的腐败确实会对该地区的 FDI 产生显著的负面影响，这也符合我们的理论预期。

但需要进一步明确的是，腐败并不是影响 FDI 的主要因素，FDI 作为一个复杂的经济变量，受到经济、政治、文化等各方面因素的影响。中国出现高增长和高腐败的"双高之谜"现象并不是由于腐败促进了 FDI 的增长，而是我们通过实证结果表明腐败实际上阻碍了我国 FDI 的增长，只不过这种阻碍可能被政策等其他因素所抵消了。20 世纪 90 年代以来我国对外开放的经济机会对海外资本的吸引力超过了由这些国家内腐败所引起的经济风险。因此，即便腐败会阻碍 FDI 的增长，中国的经济仍然呈现出"双高之谜"的奇迹。

腐败是每个社会中都存在的现象，往往腐败越严重，社会的法制建设越不完善，监督体系越不健全。自改革开放以来，我国社会一直处于以经济体制转型为主的社会转型时期。从高度集中的计划经济体制向市场经济体制转换的过程中，很多体制体系本身就带有明显的过渡性，需要很长一段时间的适应期。腐败高发现象就是在这一社会转型时期发生的，高腐败问题在我国经济转型过程中是不可避免的。经济的高速发展使我们在积累大量私有品的同时，也积累了一定的公共品，在这个过程中很多体制并没有变化，有很多权利本应该已经变成私权了，但现在仍然还是公权，结果是我们的公权特别大，腐败的机会也就增加了。高辉清、陶长高和刘小钢计算了我国 2004 年经济运行中由腐败和管制导致的损失高达46 787.07亿元，相当于当年 GDP 的 29.3%，相当于当年国家财政的 1.5 倍。

中国是一个人脉社会，其投资背后实际上隐藏着巨大的腐败成本摩擦，导致跨国公司在 FDI 中，不得不权衡其成本的巨大损耗。腐败提高外商直接投资的成本，主要有以下几个方面的原因：①跨国公司为了得到收益必须进行行贿，而这类似于对其进行征税，提高了投资成本；②跨国公司要承担更多的与腐败合同有关的风险，因为腐败合同并不是被法院强制执行（BoyckoM，ShleiferAandvishny R.W，1995），在腐败水平越高的国家，如一些发展中国家，这种额外的风险使跨国公司承担的成本越大；③腐败使跨国公司从事着浪费资源的寻租活动，腐败使人们减少正常的生产活动而从事更多的寻租活动，从而造成人力和财力的浪费，加大了投资成本，产生了低效率。当腐败严重到一定程度，致使带来的成本大于行贿带来的收益时，跨国公司就会减少直接投资。

最后，从腐败导致的结果来看，被腐败行为积累来的财富并没有转化为生产资本，而是常常被腐败的统治者和官僚政客转移到了国外的秘密账户为自己预留后路，甚至直到他们的政权垮台和腐败者本人死后，这些财产都无法追回。这些巨额的外来财富不但没有形成资本的积累，反而成了发展中国家的外逃资本，对于本来就缺乏资金的发展中国家而言，是不利于经济发展的。部分经济资源被用到贿赂那些贪污的官员的腐败活动中，而不是被用来从事生产活动。学者们从多方面阐述了腐败对中国的危害。在经济方面，腐败会造成人力、财力和物力的巨大流失。腐败会导致资本外流、投资扭曲、技能浪费、阻碍外国援助。腐败不仅会导致无效地使用资源，而且会妨碍税收，导致偷税、漏税行为的产生，导致国家提取资源能力下降。严重的腐败还会从整体上破坏经济的效率和增长。学者们普遍认为，腐败是经济发展的巨大障碍。腐败使社会公共积累的资金流失，侵害国家和人民群众的经济利益；腐败增加了改革的难度，扰乱市场秩序，破坏社会主义市场经济体制的建立和完善，扭曲资源的合理配置，从长远来看，必定阻碍我国 FDI 的增长。

五、研究结论

实证结果表明，外商直接投资对一国的腐败程度相当敏感，我国地方政府的腐败直接或间接地对 FDI 产生了不可忽视的阻碍作用，证实了我们的理论假设：腐败是 FDI 的"沙子"，腐败增加了外商投资的成本，扭曲了资源配置，带来了无谓损失，最终恶化了投资环境，从而阻碍一个地区 FDI 的增长。

本文的研究结论意味着以"有效腐败论"来解释中国腐败与 FDI 的"双高之谜"是不能成立的，对"双高之谜"内在逻辑的解释还有赖于进一步的研究。腐败是我国经济政治转型过程中不可避免的现象，而 FDI 的增长是在全球化进程中我国逐渐走向世界的一个标志，所以我们不能因此而得出腐败促进 FDI 增长的结论。

参考文献：

[1] 陈屹立，邵同尧. 地方政府会影响私人投资积极行吗——基于动态面板模型的系统 GMM 分析 [J]. 南方经济，2012 (2).

[2] 陈刚，李树. 中国的腐败、收入分配和收入差距 [J]. 经济科学，2010 (2).

[3] 陈刚, 李树, 尹希果. 腐败与中国经济增长: 实证主义的视角 [J]. 经济社会体制比较, 2008 (3).

[4] 高远. 反腐败与外商直接投资: 中国的经验 [J]. 南方经济, 2010 (2).

[5] 过勇. 经济转轨滋生腐败机会的微观机制研究 [J]. 经济社会体制比较, 2006 (5).

[6] 过勇. 中国转轨期腐败特点和变化趋势的实证研究 [J]. 公共管理评论, 2008 (5).

[7] 何兴强, 王利霞. 中国FDI区位分布的空间效应研究 [J]. 经济研究, 2008 (11).

[8] 韩冰洁, 薛求知. 东道国腐败对FDI及其来源的影响 [J]. 当代财经, 2008 (2).

[9] 金香郁, 朴英姬. 中国外商直接投资的区位决定因素分析: 城市数据 [J]. 南开经济研究, 2006 (2).

[10] 卢现祥, 徐静. 腐败与国际直接投资关系研究综述 [J]. 贵州财经学院学报, 2007 (6).

[11] 李国平, 陈晓玲. 我国外商直接投资地区分布影响因素研究——基于空间面板数据模型 [J]. 当代经济科学, 2007 (3).

[12] 孙慧. 腐败不会阻止FDI——腐败和FDI关系的实证研究 [J]. 经济学研究, 2006 (4).

[13] 杨海生, 聂海峰, 徐现祥. 我国FDI区位选择中的"第三方效应"——基于空间面板数据的实证研究 [J]. 数量经济技术经济研究, 2010 (4).

[14] A des, A. and R D i Tella. National Champions and Corruption: Some Unpleasant Interventionist Arithmetic [J]. Economic Journal, 1997 (107): 1023-1042.

[15] Habib, Mohs in, and Zurawicki, Leon. Corruption and foreign direct investment [J]. Journal of international business studies, 2002, 33 (2): 291-307.

[16] Mohsin Habib and Leon Zurawicki. corruption and foreign direct investment [J]. Journal of International Business Studies, 2010: 33 (2), 291-307.

[17] Mauro, Paolo. Corruption and Growth[J]. The Quarterly Journal of Economics, 1995: 686-706.

[18] Tanzi V. Corruption around the World: Causes, Consequences, Scope, and Cures [M] // Abed G T, Gup ta S. Governance, Corrupt ion, & Economic Performance. 2002, Washington, D. C. : International Monetary Fund. Wei Shang-Jin, 1997, Why is Corruption So Much M ore Taxing than Tax?, Arbitrariness Kills, NBER Working Paper.

[19] Wei, Shang-Jin. How taxing is corruption on international investors [J]. The review of economics and Statitics, 2000 (82): 1-11.

[20] Zhou, Dongsheng, Shaom in L i and D avid K. Tse. The impact of FD I on the productivity of domestic firms: the case of China [J]. International Business Review, 2002 (11): 465-484.

对中国城市交通拥堵现象的外部性研究

■ 章孟迪　黄隽潇*

内容提要： 文章首先对交通拥堵问题进行了外部性分析，并以此为现实背景。文献回顾表明，大量的研究都是以交通拥堵问题的外部性为经济学理论基础来进行的。在此基础上，本文通过负的生产外部性和负的消费外部性对交通拥堵做了理论分析，同时从供给和需求角度分析造成交通拥堵问题的原因，并且得出主要从需求面解决中国交通拥堵问题的政府政策。

关键词： 交通拥堵　外部性　政府政策

一、引言

随着我国国民经济的飞速发展和城镇化的进程加快，城镇人口迅速膨胀，居民的出行需求日益增大，生活水平的提高也使人们追求出行的舒适便捷。但是我国道路交通基础设施建设相对缓慢，交通管理水平也相对落后，使得道路拥堵问题越来越严重。道路拥堵问题的外部性给整个社会带来了沉重的外生成本。

（1）环境污染成本。近年来，由于城镇化和工业化的发展，以大气污染和噪音污染为首的环境污染环境问题日趋严重。从表1我

---

* 章孟迪，西南财经大学财政税务学院本科生；黄隽潇，西南财经大学财政税务学院本科生。

(2012—2013) 光华财税年刊
Annals of China Public Finance

们可以看出，生活烟尘排放量从 2002 年的 209 万吨开始就持续增长，至 2010 年已达到 225.9 万吨。这表明汽车尾气作为主要的生活烟尘排放量也在不断地增加。人们对生活水平的追求使得汽车被高强度地使用，汽车噪音、废气排放致使环境污染的问题日益严重，严重影响了居民正常的生活质量和身体健康。同时，环境污染也关系着城市的可持续发展。交通成为大气污染和噪音污染的主要贡献者，交通拥堵更是极大地增加了不必要的环境污染成本。

表 1　　　　2002—2011 年中国千米里程、汽油消费量和生活烟尘排放量

年份	公路里程（千米）	汽油消费量（万吨）	生活汽油消费量（万吨）	生活烟尘排放量（吨）
2002	1 765 200	3749.70	163.80	2 090 000
2003	1 809 800	4072.02	198.75	2 020 000
2004	1 870 700	4695.76	286.54	2 090 000
2005	3 345 200	4853.30	303.83	2 336 000
2006	3 456 999	5241.73	343.04	2 243 000
2007	3 583 715	5519.14	434.40	2 154 937
2008	3 730 164	6145.52	855.14	2 308 793
2009	3 860 823	6172.69	999.08	2 432 899
2010	4 008 229	6886.21	1213.65	2 259 000
2011	4 106 387	7395.95	1458.56	—

注：①资料来源：中经网统计数据库。
②从 2005 年起，公路里程包括村道，故与历史数据不可比。
③2003 年起汽油消费量采用新行业分类标准。

（2）时间成本。由于人们更乐意在城市的中心工作居住，城市中心地带的交通日益拥堵。但是，交通管理与道路设施等基础设施跟不上社会日益增长的需求，高负荷运载的城市道路在面对高密度人群的时候也束手无策。交通拥堵对个人的时间造成了极大的浪费，使得社会所创造的价值也由此降低。

（3）货币成本。在车辆堵车等待的过程中，会付出如燃料费、维护费等一系列的货币成本，对社会自然资源造成极大浪费。同时社会所创造的价值也会遭受不必要的折损。表 1 显示，生活汽油消费总量由 2003 年的 198.75 万吨，迅速增长到 2011 年的 1458.56 万吨。这种现象从某种程度显示出行车的货币成本的大幅度提高。

（4）交通意外成本。相关报道显示，从国家安监总局了解到我国道路交通事故数量极大，占全国各类事故总量的 82.5%，占到了交通事故的绝对比例。大量的交通事故让许多家庭付出了沉重、惨痛的代价。

二、文献综述

近年来，随着城市交通拥堵现象的不断增多，不少学者对其进行了分析。

有的学者从拥堵定价理论的角度进行分析。韩小亮、邓祖新（2006）从拥堵定价理论入手，探讨了调整供需已解决交通拥堵的各种方法以及用计算经济学（ACE）来解决评估缓解交通拥堵措施的最优收费标准的难题。杜洁（2009）运用定价理论分析了道路交通设施作为公共物品的外部性导致拥挤的必然性，认为解决交通拥堵问题的方法是将外部性"内部化"。

有的学者从资源的稀缺性角度进行分析。陈和、赵坚（2007）从空间资源稀缺性视角进行了研究，认为造成城市交通拥堵的原因从本质上来说是人与物的位移需求不断增长的状况与空间资源稀缺的矛盾。

有的学者从外部成本角度进行分析。冯相昭等（2009）通过两种比较权威的外部成本估算模型，进行了外部成本估算研究，积极推进交通领域的节能减排工作。马嘉琪、白雁（2010）提出了出行成本管理的理念和发展公共交通、拥挤收费和停车收费、优惠补贴、HOV 优先权等拥堵治理策略。

还有些学者则是从城市交通基础设施是准公共物品的角度进行分析。林代锐（2006）认为，城市交通基础设施具有竞争性和非排他性，对其的过度利用产生了拥堵，并从博弈论角度提出分析了政府可以采取的解决拥堵问题的政策。李林波等（2005）则认为，当交通拥堵产生后，城市道路就有了排他性，需要通过交通拥挤收费来缓解，通过价格这种市场的手段使外部成本内部化。

由此可见，近年来关于城市交通拥堵问题的研究取得了很多进展，虽然研究视角不同，但都以交通拥堵问题的外部性为经济学理论基础来研究。接下来本文拟结合我国的实际，从外部性角度对当今的城市交通拥堵问题进行探讨。

三、交通拥堵的负外部性理论

外部性是一个人或一个企业的行为对他人福利的无补偿的直接影响，是市场失灵的表现。外部性是产权界定不清晰的结果，它往往使得共有资源被滥用。交通拥堵的状况便会产生一种负外部性。而这种负外部性可以分为负的生产外部性和负的消费外部性。

笔者认为在经济学中被广泛认可的道路拥堵定价理论便可以通过负的生产外部性模型来进行分析。该理论最早由庇古（Pigou）提出，认为道路交通也有供给和需求关系。对于一段道路而言，供给就是单位时间里能通过的车流量，而需求则涉及一系列复杂的城市结构和交通行为问题等。道路上车辆的不断增加形成交通拥堵，产生负的外部性。这里的负外部性不包括环境污染和交通意外。我们将道路拥堵定价理论中的需求视为单位时间内需要通过该道路的车流量，并通过负的生产外部性和负的消费外部性来分析。

图 1 中的坐标轴 P 为出行价格，即出行成本。Q 是指单位时间内通过的汽车数

量。需求曲线 D 是指个人对道路交通的需求，其中 D_1 为交通高峰时的需求，D_2 为交通非高峰时的需求。供给曲线 S 指的是个人的边际成本（PMC）。需求曲线与供给曲线的交点为 E^*，是市场达成的平衡结果。该交点在数量轴上对应点 Q^*，表示高峰时期平衡时的单位时间内需要通过的汽车数量。但考虑到社会实际中有很多外部成本，这并不是社会最有效率的结果。由于负的生产外部性，社会边际成本（SMC）大于私人边际成本（PMC），此时的供给曲线为社会边际成本（SMC）。其与需求曲线的交点为 E^{so}，对应的数量 Q^{so}，是社会最优结果。

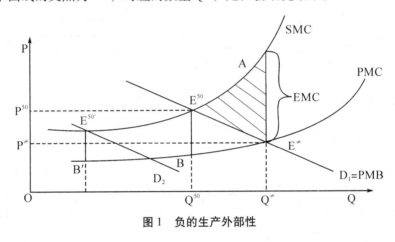

图 1　负的生产外部性

从图 1 可以看出，在一定的数量下，社会边际成本（SMC）曲线与私人边际成本（PMC）曲线之间的距离（AE^* 或 BE^{so}）便是产生的外部边际成本（EMC）。而且随着数量的增加，外部边际成本也在不断地增大，带来了过度的单位时间内需要通过的汽车数量。根据拥堵定价理论，为了矫正这种外部性，我们可以通过将外部性内部化，即收取最优道路拥堵费（BE^{so}）。图 1 中的阴影部分面积即为这种措施下的社会净收益。

图 2 中的坐标轴 P 为出行价格，即出行成本。Q 是指单位时间内需要通过的汽车数量。图中的需求曲线（PMB）指的是个人对道路交通需求的边际收益。供给曲线 S 指的是个人的边际成本（PMC）。需求曲线与供给曲线的交点为 E^*，是市场达成的平衡结果。该交点在数量轴上对应点 Q^*，表示平衡时需求的数量。但考虑到社会实际中的外部成本，这也不是社会最有效率的结果。由于负的消费外部性，社会边际收益（SMB）小于私人边际收益（PMB），此时的需求曲线为社会边际收益（SMB）。其与需求曲线的交点为 E^{so}，对应的数量 Q^{so}，是社会最优结果。

从图 2 可以看出，在一定的数量下，产生的外部边际成本（EMC）是社会边际收益（SMB）曲线与私人边际收益（PMB）曲线之间的距离（AE^* 或 BE^{so}）。而且随着需求数量的增加，外部边际成本（EMC）也在不断地增大。由于社会上对单位时间内需要通过的汽车数量越来越大的过度需求，我们可以通过限制汽车的出行数量，引导使用其他的出行方式使需求数量达到社会最优来矫正这种外部性。

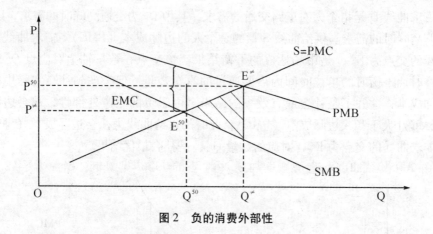

图2　负的消费外部性

图2中的阴影部分面积即为这种措施下的社会净收益。

四、中国交通拥堵的原因分析

从图1和图2我们可以直观地看到外部性使自由市场达成的供给需求平衡点与社会最优的供给需求平衡点不一致，而且负的外部性使市场达成的需求平衡数量大于社会最优时的需求平衡数量。因此，本文将通过供给和需求两个方面来思考造成交通拥堵这一外部性的原因。

表2　　　　　　　　2002—2011年中国民用汽车数量及其部分组成

年份	民用汽车数量 （万辆）	私人汽车数量 （万辆）	城市年末实有 公共汽车总数 （万辆）	城市出租汽车总数 （万辆）
2002	2053.17	968.98	24.19	88.42
2003	2382.93	1219.23	25.93	90.34
2004	2693.71	1481.66	27.69	90.37
2005	3159.66	1848.07	30.84	93.70
2006	3697.35	2333.32	31.28	92.86
2007	4358.36	2876.22	34.45	95.97
2008	5099.61	3501.39	36.73	96.90
2009	6280.61	4574.91	36.52	97.20
2010	7801.83	5938.71	37.49	98.60
2011	9356.32	7326.79	40.26	100.23

注：①资料来源：根据中经网统计数据库和中华人民共和国国家统计局中的数据整理得到。

②从2002年起，私人汽车数量的分项的统计口径有调整与以前年份不可比。

③1988年以后城市年末实有公共汽车总数和城市出租车数按全社会范围计算。

（一）需求方面

（1）私人汽车数量的增加。近年来，汽车产业的发展受到国家政策的支持，汽车的价格不断下降，人们对高质量生活水平地追求，使得民用汽车数量急剧上升。图3显示公共汽车、出租汽车以及私人汽车数量的上升幅度是大致相当的，但是由于私人汽车数量的基数远大于前两者，使得私人汽车数量的增加也远大于前两者。表2中的数据显示，我国民用汽车数量由2002年的2053.17万辆增加到2011年的9356.32万辆，增加了7303.15万辆，年均增长39.52%。其中，私人汽车数量由2005年的1848.07万辆增加到2011年的7326.79万辆，增加了5478.72万辆，年均增长了49.41%。私人汽车占民用汽车的比例也从2005年的58.49%急剧上升至2011年的78.31%。与之相比，代表城市公共交通的公共汽车和出租汽车数量至2011年却只有40.26万辆和100.23万辆，占民用汽车的比例微不足道。图4显示这一比例甚至在逐年减少。这进一步导致人们对道路需求的增长，加剧了环境污染和资源浪费。

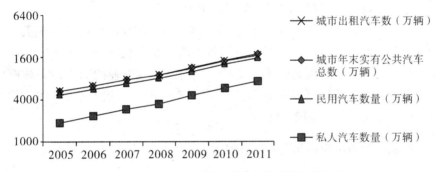

图3 2005—2011年中国民用汽车数量及其部分组成

注：图中的数据是根据对数比例画出的。根据这种比例，纵轴上相等的距离代表相等的百分比变动。因此，1000~4000万辆之间的距离（100%的变动）和4000~16 000万辆之间的距离（100%的变动）是相同的。

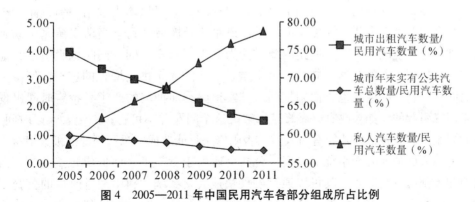

图4 2005—2011年中国民用汽车各部分组成所占比例

（2）通勤距离的增大。随着城镇化的进程，城市的人口增长迅速，城市的面积也不断地扩大，城市的规划也呈现出以功能分区为主的理念。这造成了人们的居住区域与工作区域的分离，刺激了上班族购车的需求，也增大了人们获取各种商品和服务的难度。这造成人们出行的频率和通勤距离的增大，增加了拥堵时间，造成了社会人力、自然资源的极大浪费。同时，公交运营线路总长度也相应地增加，使得公共交通部门不得不投入更多的车辆在同样的线路上运营以满足班次的安排。原本就增长缓慢的公共交通系统又放慢了脚步。

（3）交通在时间和出行方式上的分配不合理。上下班时间的高度一致，使得人们的出行时间基本相同，而且很多人会选择负外部性极大的交通方式——私人汽车，造成了早晚高峰时段特别严重的道路拥堵问题以及环境污染问题。

（二）供给方面

（1）道路供应不足。表1中的数据显示公路里程从2005年的3 345 200千米增加到2011年的4 106 387千米，年均仅增长了3.79%。这对私人汽车年均49.41%的增长来说过于缓慢。道路的长度、面积增长速度完全跟不上社会的发展。每万人拥有道路长度及人均拥有道路面积的增量更为低下。

（2）公共事业的发展滞后。相对于不断增加的城市面积和民用车辆数量，城市公共事业并没有得到相应的发展。虽然各种轨道交通相继发展，但比起巨大的需求量，这样的改变可以说是微不足道的。同时，公共事业的需求使得政府公共部门压力极大，需要筹集更多的资金去完善需求的缺口，这影响了一些其他的福利或建设计划，产生了一定的负外部性。

五、解决我国城市交通问题的对策建议

根据交通拥堵问题的原因分析，可以从供给和需求两个方面得到解决方案。但是，部分方案存在一定的局限性和负的外部性，特别是供给方面。本文对此做了一定的分析，提出适合我国的政策。

（一）供给方面

一方面扩大道路面积，增加道路数量。这一方案可以增大供给，但建路所产生的社会效益被夸大化了。事实上，增加道路容量极易碰到"当斯定律"中谈到的一种尴尬的境况——原来道路的新增能力减少了行车时间，同时也吸引了其他道路和其他行车人的交通量转移。需求增长的速度大于供给增长的速度，使得一段时间后，新增的道路也将面临拥堵。其实道路交通拥堵的产生是特定时间出现需求高峰引起的。如果政府只靠修路来解决这个问题并不可行，一定要兼以时间、空间限制上的收费措施才能有所收效，否则修路只能造成资源和土地的极大浪费。

另一方面加速公交系统的发展。公共交通由于竞争不足而形成自然垄断，由政府相关部门进行监管。其可以通过发展快速公交系统，利用经过改良的公交车型，在公交专用通道上运营，保持公共交通的灵活性，同时增进其便利性和快速性。例如，我国西南城市成都的二环快速公交系统。快速公交车拥有专属的环形、相对全封闭的专用道，除了在进出终点站的时候，运行过程中完全不会受社会车

辆的干扰。正是因为运营模式的调整，快速公交必须进行专门"定制"——增加车门，改变车身结构，所以在设计中也提议增加车身骨架的强度，让快速公交车更加安全稳定。但对于公交系统设施的改造需要转变的人力、物力，成本较大，并不是政府轻易就可以大面积开展的解决方案。

我们可以看出，道路等基础交通设施的供给增长过于缓慢以及公共交通事业发展的滞后并不是交通拥堵原因的实质，扩大道路面积，增加道路数量和加速公交系统的发展的解决方案也不能有效地改善交通拥堵问题。

（二）需求方面

首先可以限制私人汽车的出行数量。私人汽车的使用虽然可以拉动内需，促进经济发展，但是会造成城镇交通拥堵问题。因此，我国可以采取以限制汽车出行为主而适当限制汽车拥有的政策来缓解交通拥堵问题。

一方面提高出行成本。这一方面可以通过以下三种途径来实现。

第一，道路拥挤收费。根据庇古的道路拥堵定价理论，所有交通设施和服务的使用者必须支付实际的社会边际成本，包括它们所有对社会造成负担和损害的外生成本。所以，我们可以通过在不同时间段收取不同的最优道路费来解决交通拥堵问题。如图1，在非高峰时期收取 $B'E^{so'}$ 的拥堵费；在高峰时期收取 BE^{so} 的拥堵费。它通过减少或分散需求来使供需平衡，而且可以得到一定量的净收益。但这一交通需求管理政策目前只在新加坡和英国伦敦得到成功的实施。因为这在实践中仍不能完全消除外部性，而且在拥堵道路上实施收费的实际成本很高。根据新加坡的实施方案，需要划定拥堵区域，并在区域的交界处建设电子收费站。而伦敦则采用车辆自动识别技术来判断车辆一天内是否进入了收费区域并收费，这需要先进的技术和大量的感应装置。两者实施的成本都很高，而且最优收费标准在实践中是很难精确计算出来的，使得这一政策在我国很难实施推广。

第二，停车收费。由于道路拥挤收费难以实施，而且在人口稠密的地区，在交通拥堵高峰期内的汽车污染排放对人和环境更加有害，所以政府可以通过对不同区域和时间收取不同的停车费来调整需求，一定程度上减少出行高峰期、高峰路段的车流量。

第三，燃油费。虽然外部性的大小不是由使用燃油本身决定的，燃油费的使用也不会导致最有效率的结果，但是政府可以通过收取燃油费，增加成本，使图1中的私人边际成本（PMC）曲线向社会边际成本（SMC）曲线移动。曲线的移动得到新的市场平衡点，该平衡点的数量比之前少，说明汽车的出行会随之减少，并更加接近社会最优的结果，以缓解交通拥堵，改善现状。

另一方面增大出行难度。主要通过对车辆的限号行驶来减少私人汽车的出行数量。这一政策在韩国首尔得到了比较成功的实施。当地政府以车牌号码尾数0~9与日期尾数0~9为依据或以单双号为依据，实施同号车辆不准同行的规定。根据图2，道路汽车的需求减少使需求曲线向左下方移动，并得到新的市场平衡点，该平衡点的数量更加接近于社会最优的数量，说明这一措施的可行性和有效性比较显著。但是它具有一定的强制性，可能会降低部分人的效用。因此，需要做好相应的配套措施。

其次可以尽力做到时空分流。

在时间上，政府可以通过相关政策改变各机关、事业单位的上下班时间和学校的作息时间，或者改变各个区域的上下班时间来"分流"出行的人，减少出行高峰时间的需求量，改善交通拥堵状况。

在空间上，政府可以通过人车的分流来减少甚至避免交通堵塞。这一点在我国香港得到了很好的实行。香港的街道大多老旧且窄，丘陵的地形也让道路随时顺着山势上拐下弯，但香港的交通却很少堵塞。为了减少行人过街对交通产生的极大干扰，当地通过街步行道立交处理以及只设置三面人行横道的路口，来便于车辆的通行。另外，政府也可以通过在城市郊区建立卫星城，由此增加工作机会和工作地点，从空间上"分流"出行的人。

最后可以使用其他交通替代物。随着科技的不断发展，政府应该鼓励发展远程教育，丰富网络上的学习资源，同时提倡视频通话和视频会议，在一定程度上减少人们出行的需求。政府可以通过一定的财政补贴，激励企业增加视频会议的数量、生产视频电话的厂家大力生产、教育网站管理者长期管理相关网站，来实现这一政策。

六、结论

交通拥堵问题是我国城镇化进程中不可避免的问题。政府政策和各部门的协调合作对交通拥堵问题的解决起决定性作用。但是，政策具有一定的局限性和负外部性。可行的缓解交通拥堵的政策也或多或少地偏离了最优的资源配置结果。因此，政府应该辩证地看待和使用相关政策，并且主要从需求方面来矫正外部性，降低外部成本，减少资源的浪费。在实行某一方案时，要注意采取相应的配套措施，以防范或治理由外部性导致的市场失灵伴生的次生效应或政府失灵。

参考文献：

[1] 韩小亮，邓祖新. 城市交通拥堵的经济学分析——基于计算经济学的模型检验 [J]. 财经研究，2006 (5).

[2] 杜洁. 城市交通拥堵现象的经济学分析及对策 [J]. 探索与研究，2009 (9).

[3] 陈和，赵坚. 从空间资源稀缺性视角探寻城市交通拥堵问题的成因及对策 [J]. 生产力研究，2007 (6).

[4] 冯相昭，邹冀，郭光明. 城市交通拥堵的外部成本估算 [J]. 环境与可持续发展，2009 (3).

[5] 马嘉琪，白雁. 基于出行成本管理的城市交通拥堵治理策略 [J]. 运输与管理，2010 (5).

[6] 林代. 城市交通问题及其解决对策的博弈分析 [J]. 发展研究，2006 (7).

[7] 李林波，王靖阳，万燕花. 交通拥挤收费经济学原理研究 [J]. 交通科技，2005 (6).

[8] 朱云欢. 中国城市私人小汽车消费外部性研究 [J]. 商业研究，2010 (12).

[9] 雷明全. 治理交通拥堵中的政府失灵 [J]. 现代经济探讨，2012 (3).

[10] 闫庆军，徐萍平. 基于外部性的交通拥堵成因分析与缓解策略 [J]. 经济论坛，2005 (5).

对口支援与民族地区发展研究

——兼论我国"对口支援" 体制改革取向①

■ 谢　芬　肖育才*

内容提要： 通过30多年的实践，我国对口支援经历了从正式确立、全面实施和巩固、发展和创新三个阶段，对口支援的规模在持续扩大，形式和内容不断丰富，在促进民族地区发展、支援灾区建设和一些重大项目建设方面取得了显著的成效。特别是对民族地区从经济、人才、智力等多方面进行的对口支援，使得民族地区经济和社会事业等多方面取得了持续发展，为促进民族地区发展和加强民族团结做出了突出贡献。那么，对口支援体制改革方向是否为建立横向财政转移支付制度呢？本文通过对我国对口支援体制的研究发现，我国目前对口支援体制存在具有明显计划性特征且属性模式、缺乏法律规范和科学性以及缺乏有效的项目评估机制等诸多问题，而且目前我国制度环境、技术条件等也不具备建立横向财政转移支付制度，但是对口支援体制应该进行适当的调整。

关键词： 对口支援　民族地区　横向财政转移支付

---

① 本文获2013年国家社科基金课题"转移支付、财政激励与县级基本公共服务均等化研究"（编号：13CJY118）、2012年四川省哲学社会科学规划项目"转移支付与县级基本公共服务均等化研究——以四川省为例"（编号：SC12C003）、2012年西南财经大学中央高校基本科研业务费博士研究生科研课题资助项目（编号：JBK1207003）和四川省社会科学院青年成长项目的支持。

* 谢芬，四川省社科院研究生院助理研究员、西南财经大学财税学院博士生；肖育才，西南民族大学经济学院副教授。

一、我国"对口支援"政策的演进

对口支援体制的产生和发展是国家为了促进少数民族地区建设和增强民族团结的现实需要而实施的，它是国家组织和安排经济发达地区和各政府部门对指定的边境民族地区、欠发达地区、大型工程建设地区以及重大自然灾害受灾地区给予人才、资金、技术、管理等方面的帮助和支持，它对改变社会经济发展不平衡状况以及落后地区社会经济发展具有重要的作用。我国对口支援政策在 20 世纪五六十年代开始萌芽，当时中央政府制定了一系列的援藏和援疆的政策，向西藏和新疆输送了很多人才和资金。而直到党的十一届三中全会以后，在 1979 年全国边防工作会议提出要"组织内地发达省、市实行对口支援边疆地区和少数民族地区"，正式确立了对口支援体制。从 1979 年至今，我国对口支援体制的演进分为以下 3 个阶段：

（一）对口支援体制正式确立及起步阶段（1979—1984）

改革开放初期，我国区域发展就存在严重的不平衡，特别是东部沿海地区与西部少数民族地区在经济发展、资源分布等方面存在巨大的差距。为了解决这一现实问题，当时中央政府就积极组织了发达地区与贫困地区开展经济、人才、技术等方面的交流与合作，并在 1979 年 4 月召开了全国边防工作会议。在边防工作会议上，乌兰夫同志所作的报告中总结了新中国成立以来的民族工作的经验和教训，并提出要加速发展民族地区经济文化建设。同年 7 月 31 日，中央 52 号文件提出"国家'要组织内地省市，实行对口支援边境地区和少数民族地区'"。并确定：北京支援内蒙古，河北支援贵州，江苏支援广西、新疆，山东支援青海，上海支援云南、宁夏，全国支援西藏[①]。自此，我国的对口支援体制被正式确定下来，但此后中央根据政策实行情况，又对其进行了补充和调整。1982 年 11 月，经国务院批准，国家经委、国家计委和国家民委等部门共同组织召开了经济发达省、市同少数民族地区对口支援和经济技术协作工作座谈会。1983 年 1 月，国务院批准这次座谈会的纪要，明确了对口支援工作的重点、任务和原则，并扩大了对口支援的范围，新确定了上海支援新疆、西藏，广东支援贵州，沈阳、武汉支援青海等，使对口支援的作用得到进一步加强。

（二）全面实施及巩固提高阶段（1984—2008）

1984 年 12 月，中共中央《关于经济体制改革的决定》明确指出："经济比较发达地区和比较不发达地区，沿海、内地和边疆，城市和农村，以及各行业各企业之间，都要打破封锁，打开门户，按照扬长避短、形式多样、互利互惠、共同发展的原则，大力促进横向经济联合，促进资金、设备、技术和人才的合理交流，发展各种经济技术合作，联合举办各种经济事业，促进经济结构和地区布局的合理化，加速我国

---

① 国家民委政策研究室. 国家民委民族政策文件选编（1979—1984）［M］. 北京：中央民族出版社，1988：242.

现代化建设的进程。"① 在同年的《中华人民共和国民族区域自治法》中又明文规定："上级国家机关应当组织和支持经济发达地区与民族自治地方开展经济、技术协作，帮助和促进民族自治地方提高经营管理水平和生产技术水平。"② 1987 年 4 月，中共中央、国务院在批转的《关于我国民族工作几个重要问题的报告》中进一步指出："加快发展少数民族地区的经济是我国经济发展的重要部分，必须大力开展横向合作，这是加强民族交往、促进民族文化交流和我国区域协调发展的重要途径。同时强调对口支援的自愿性原则，在此基础上，采取多种横向合作方式，互通有无，取长补短，促进资金、技术、人才的合理流动。"③ 这一时期对口支援的范围和深度都较以前有了很大的发展，并且形成了更多的协作关系，出现了区域间的经济联合，地区间的横向经济与技术合作成为了对口支援的重要部分。1995 年 9 月，党的十四届五中全会通过《中共中央关于制定国民经济和社会发展"九五"规划和 2010 年远景目标的建议》。该建议中提出了利用沿海发达地区的资金、人才、技术优势，通过对口帮扶的方式，帮助促进中西部 10 个欠发达省市的经济发展，从而达到缩小东西部差距的目的。这一时期的对口支援格局基本形成，其支援的范围也得到了很大的拓展，涉及科教文卫、农商、劳务等领域。另外，除一般性的地区间对口支援外，一些特定的项目也先后被纳入对口支援的范围，根据 1992 年发布的《关于开展三峡工程库区移民工作对口支援的通知》的精神，1993 年国务院三峡工程移民工作会议确定了 50 多个政府部门、21 个省（自治区、直辖市）和 10 个计划单列市对口支援三峡库区的移民工作。

（三）发展和创新阶段（2008 年至今）

2008 年 5 月 12 日四川汶川发生特大地震后，中央决定举全国之力支援地震灾区恢复重建，国务院出台了《汶川地震灾后恢复重建对口支援方案》，按照'一省帮一重灾县'的原则，东部和中部 19 个省市对四川省北川县、汶川县和青川县等 18 个县（市）以及甘肃省、陕西省受灾严重地区进行对口支援，并规定每年对口支援实物工作量按不低于本省市上年地方财政收入的 1% 考虑，对口支援期限按 3 年安排④。此外，几乎所有的中央政府部门都组织实施了本部门对地震灾区的对口支援工作，除了全国范围内的对口支援外，相当多的省、自治区和直辖市也以相同或类似的方式在本辖区内部组织实施了一定规模的对口支援。对口支援汶川地震灾后重建，是我国对口支援政策取得最大成效以及对口支援制度创新的一个成功之举。2011 年 5 月 27 日，国务院在北京召开对口支援新疆工作会议，本次会议计划全国 19 个省市共组织 1600 名干部奔赴新疆，以轮值交流的形式，带去他们先进的知识和经验，支援指导新疆各项社会事业的发展。本次对口援疆资金总规模

---

① 中共中央文献研究室. 十二大以来重要文献选编（中）[M]. 北京：人民出版社，1986：581.
② 国家民委. 中华人民共和国民族政策法规选编 [M]. 北京：中国民航出版社，1997：46.
③ 国家民委. 中华人民共和国民族政策法规选编 [M]. 北京：中国民航出版社，1997：52.
④ 钟开斌. 对口支援灾区：起源与形成 [J]. 经济社会体制比较，2011（6）.

将超过 100 亿元，是历史上支援地最广、资金规模最大、涉及人口最多、资助领域最广的一次对口支援。

可见，随着我国社会经济的发展，在不但总结对口支援政策实施经验的基础上进行创新发展，我国对口支援体制在日趋完善。主要表现在：一是对口援助的规模在持续的扩大；二是对口援助的内容和形式在不断地丰富；三是对口援助的战略在发展改变，从注重财政资金援助向注重运用市场机制、加强企业合作转变，从注重财政资金援助"输血型"项目向注重促进当地的自我发展能力的"造血型"项目转变，大力发展受援地区的自我发展能力和可持续发展能力。另外，我国对口支援的实施效果也越来越明显，对我国民族地区发展、支援灾区建设和一些重大项目建设方面取得了显著的成效。

二、民族地区"对口支援"主要形式及效应分析——以西藏和新疆为例

从 1979 年边防工作会议正式确立"对口支援"体制以来，经过不断地实践和探索，我国"对口支援"体制在不断地完善，主要形成了对边疆地区的对口支援、对灾区的对口支援和重大工程的对口支援三种形式，并且模式由原来的单边支援逐渐向对口合作发展，使得对口支援政策由原来的"输血型"向"造血型"转变，而其中对民族地区的"对口支援"是我国"对口支援"政策中历史最悠久、支援规模最大、涵盖面最广、支援方最多、支援时间最长的一种对口支援形式。在中央的大力支持和地方各级政府的积极配合下，针对民族地区"对口支援"的范围和领域不断扩大，形式也越来越多样化，由最初的项目、人才为主发展到现在经济、教育、科技、文化、卫生等诸多领域，模式也由最初的发达地区对民族地区的单边援助扩展到对口合作。但目前民族地区的"对口支援"主要还是单边模式。涉及的援助形式主要表现在三个方面：

（一）经济援助

经济援助主要包括物质援助、项目援助和资金援助。以中央对西藏和新疆两个民族地区"对口支援"来看，从 1965 年西藏自治区成立到 1995 年，中央对西藏的直接投资和财政补助累计达到 300 亿元[①]；1994—2001 年，对口支援省市和中央各部委无偿援建西藏 716 个项目，资金投入达 31.6 亿元；1994—2004 年，中央直接投资西藏的基础设施资金达 504.41 亿元，承担对口支援任务的 18 个省市、61 个中央部委和 17 个中央企业为西藏提供各类援助资金约 64 亿元，援建项目约 1698 个；1996 年中央做出开展援疆工作的重大战略决策，截至 2010 年，各地累计向新疆无偿援助资金物资达 43 亿元，实施合作项目 1200 多个，到位资金逾 250 亿元。1997 中央制定对口援疆政策，当年援助省市与受援地区在经济技术、教育、卫生等方面签订项目合作协议 861 个，引进项目资金 16.63 亿元，到 2010 年各援

① 吴邦国. 建设团结、富裕、文明的新西藏——在庆祝西藏自治区成立三十周年干部大会上的讲话（摘要）［N］. 人民日报，1995-09-01.

助省市和单位累积向新疆无偿援助资金物资折合人民币 43 亿元，开展 1200 多个合作项目，项目资金达 250 亿元。

（二）人才援助

民族地区由于受到自然环境、社会习俗以及社会经济发展水平等因素的影响，人才短缺是其社会经济发展的重要因素。为了打破这一制约，新中国成立以来，中央政府开始组织各级地方政府和各部门陆续向西藏和新疆等边境民族地区选派干部和各类人才，极大地促进了民族地区各领域的发展。以西藏为例，第一次西藏工作会议中央规定调往西藏的内地干部，除选拔必要的领导骨干外，应大力选拔西藏经济社会发展急需的人才，如医生、教师、科技人员等，中央第三次西藏工作会议就援藏干部的办法做出了"分片负责、对口支援、定期轮换"的明确规定，从此干部援助进入了结对子对口支援的新阶段。据统计，在 1994—2004 年间，对口支援西藏的中央部委、省市和中央企业，先后派往西藏干部 2892 名，其中专业技术干部 289 名，援藏教师 187 人次，到 2007 年，中央先后选派 5 批共 3800 多名援藏干部进藏工作。1997 中央制定对口援疆政策，当年派了首批 200 多名干部抵达新疆开展支援工作，到 2010 年累计向新疆派出 3749 名干部。2011 年 5 月 27 日，国务院在北京召开第二次全国对口支援新疆工作会议，此次会议又组织全国 19 个省市共 1600 名干部奔赴新疆。

（三）智力援助

民族地区的经济发展尽管受到自然环境等诸多因素的制约，但是最主要问题还是在于人才的缺乏，尽管中央政府向民族地区选派了各类人才以帮助民族地区的发展，但是民族地区自身发展更要依赖于民族地区人民自身知识水平的提高，而教育是提高民族地区人力资源水平的重要途径。中央政府为了提高民族地区居民的素质和开发人力资源，采取了多项积极的措施。一是办班培训，在短期内为民族地区培养大量的急需人才。二是选派民族地区干部和相关领域的工作人员到发达地区锻炼和学习，为民族地区培养了大批基层干部和各行业的业务骨干。三是不断加大对民族地区的教育支持，为帮助民族地区培养了大批人才。中央于 1954 年选派了首批 1500 名援藏教师进藏工作[1]，1974 年 4 月 26 日，国务院批转了《关于内地支援西藏大、专、中师资问题意见的报告》。该报告指出，对西藏要求支援 8 所中学和 1 所师范学院所需的师资，拟由国家机关选调干部帮助西藏两所中学所需的师资，其余 6 所中学和 1 所师范学院所需的师资，由支援西藏卫生工作的 6 个省市（上海市、江苏、湖南、河南、辽宁、四川）定区定校包干支援[2]。2000 年教育部组织实施了"东部地区学校对口支援西部贫困地区学校工程"，决定按照"扶贫协作"所确定的对口关系，要求东部地区有关省、直辖市和计划单列市各选

---

[1] 刘伟. 西藏教育事业迅速发展 [M]. 人民日报，1992-01-11.

[2] 宝乐日. 对口支援西部地区民族教育回顾与展望 [J]. 内蒙古师范大学学报：哲学社会科学版，2010（1）.

择一定数量的学校对西部贫困地区的教育工作进行对口支援。

中央政府通过不断加强对民族地区的"对口支援"力度和完善民族地区"对口支援"政策，促进了民族地区的社会经济发展快速发展，民族地区居民的收入水平、生活水平、居民教育水平等得到了前所未有的发展。"对口支援"政策实施30多年来，民族地区得到了全面长足的发展，"对口支援"政策效应明显。主要表现在以下三个方面：

（1）加强了民族地区基础设施项目援助，为民族地区发展提供了支撑。基础设施是民族地区经济发展的基础，同时也是制约民族地区经济发展的"瓶颈"，而对民族地区基础设施项目的支援是对口支援工作的重点。通过对民族地区基础设施建设项目的帮助，使得民族地区社会经济取得了较快发展，居民生产生活水平不断提高。以西藏为例，20世纪80年代以来，通过对西藏地区的基础设施项目的援助，西藏的国民经济实力以及居民收入水平大大提高，并且增长速度高于全国水平，如1985年西藏的GDP为17.76亿元，到2006年西藏的GDP增加到290.09亿元，增长了近16.3倍，增长速度达到12%，高于全国平均水平（8%），农牧民的人均纯收入也保持在17%左右的增长。

（2）注重对民族地区人力资源的开发，不断加强对民族地区人才和智力的援助，增强了民族地区自我发展的能力。人力资本对一个地区经济发展的起到至关重要的作用，民族地区劳动者普遍存在教育水平低，劳动素质和技能都不高，使得民族地区自我发展的能力得不到提升，这是影响民族地区发展的重要原因。对民族地区的人才和智力援助，为民族地区培养了大批人才，逐渐提升了民族地区自我发展能力。以新疆为例，山东省自1999年开始逐渐向新疆选派30个贫困县的360名干部，并分6期选派人员到山东一些对口帮扶县市进行挂职锻炼，时间为每期3个月，6期挂职培训总人数为366人，其中有维吾尔、哈萨克、柯尔克孜、蒙古、回、乌孜别克等少数民族干部109名，约占30%[①]。辽宁实施人才和智力援疆工程，到2009年年底，已累计为克州培训各级各类人才3400余人（次），其中赴辽宁600人，在新疆培训2000余人（次）；第二批援疆工作队实施了"11555"人才培训工程，利用辽宁省级教育培训资源，三年内组织克州100名副县级以上党政领导干部、100名骨干教师、50名医生、50名乡村干部、50名专业技术能手赴辽宁培训，并为克州电视台、报社培训一批业务骨干。通过对各领域的干部、人才的培养，使得民族地区领导干部以及各类人才的整体素质得到较大提高，民族地区各事业领域不断创新发展，极大地提高了自我发展能力。

（3）对口支援有力地促进了民族地区社会事业的发展，提高了民族地区公共服务水平，改善了民生。随着民族地区社会经济的发展，对民族地区的对口支援更多地注重民族地区社会事业领域的建设，对民族地区公共服务的扶持力度逐渐

---

① 新疆维吾尔自治区地方志编纂委员会. 新疆通志·扶贫开发志［M］. 乌鲁木齐：新疆人民出版社，2013.

加大，民族地区的公共服务水平不断提高，居民的教育、医疗、养老等领域成为对口支援新的重点，使得民族地区公共服务水平上了一个新的台阶。以新疆为例，近年来对援疆资金更多的投向了地方学校、幼儿园、文化宫以及医疗卫生领域，在文化教育领域，如山东共援建新疆中小学 115 所，第一批援建的 80 所学校，山东省投入的 1600 万元，总建设面积达到 6.13 万平方米，每校平均 877 平方米，全部为教室、实验室和教师办公室；在医疗卫生领域，如湖南省援建使吐鲁番地区各级医疗卫生机构从基础建设、内部管理、医疗技术水平与医疗服务质量等方面都有了很大改变，江苏援建霍城县江苏医院住院部大楼、州妇幼保健医院、120 急救中心、州妇女儿童活动中心，广东援疆工作开展以来，援助资金 680 多万元用于改善巴里坤县医院的基础设施建设、配备医疗设备以及人才培养。①

三、民族地区"对口支援"体制存在的主要问题

我国对口支援体制经历了 30 多年的实践，其在范围和规模上都有不断的扩展，特别是对少数民族地区的对口支援发展非常迅速。目前涉及的领域有工农业、商贸业、教育、科技、人才、医疗卫生等诸多领域，支援的形式有资金物资援助、人才智力援助、技术援助等，主要帮助受援地区的经济发展以及社会事业各领域。从总体上看，对口支援使得民族地区取得了快速发展，民族地区经济总量和增长速度、居民人均收入水平以及民族地区基本公共服务水平等大幅度提高。但是，我们应该清楚认识到，目前我国对口支援体制是一种解决区域间发展不平衡的非正式制度，其本身还存在诸多的问题。

（一）对口支援带有明显的计划性特征

对口支援体制自确立以来，中央政府和地方政府一直都是以行政手段进行组织实施的，并且明确强调了对口支援是国家赋予经济发达地区的政治任务。对于提供援助一方，在对口支援过程中往往会出现不同程度的形式主义和走过场的现象，并不注重援助资金的使用效率；对于受援方，在项目选择时存在"短视"的现象，存在着以争取资金物资为主、以争取无偿支援解决眼前困难为主、单纯追求项目数量、存在一定的"面子"工程等问题。随着市场化改革进程的不断深化，我国逐步进入利益分化的时代，地方政府的自主性不断加强，地方保护主义和利益本位意识也日益膨胀，继续大规模地推行具有较强计划色彩的对口支援政策所遇到的阻力将会越来越大。②

（二）对口支援属性模糊，与现行财政转移支付制度关系不明确

从我国对口支援的实践来看，无论是物质、资金、人才还是其他援助手段，都是发达地区将其所有的部分财力无偿转移给欠发达地区，带有明显的横向财政

---

① 新疆维吾尔自治区地方志编纂委员会. 新疆通志·扶贫开发志 [M]. 乌鲁木齐：新疆人民出版社，2010：941—942。

② 赵明刚. 中国特色对口支援模式研究 [J]. 社会主义研究，2011（2）.

转移的特点，但我国对口支援还包括中央政府以及国家机关向欠发达地区的援助，而这属于纵向财政转移，这使得对口支援属性较为模糊，从而导致对口支援的定位不明确。另外，地区间的对口支援与现行转移支付制度之间缺乏有机的联系以及必要的分工，中央国家机关实施的对口支援也没有与现行政府间财政转移支付形成很好的配合，我国的对口支援和政府间财政转移支付在平衡区域经济发展上根本无法形成应有的合力，横向财政平衡效应必然欠佳①。

（三）对口支援缺乏法律的规范性和科学性，并且政策工具过于简单

对口支援体制自确立以来一直缺乏法律的规范，对口支援的实施主要以行政手段来指定，其实施主要依靠政府法规、规章及政策文件等进行规范，但这些法规和文件具有较大的随意性。在这种情况下，对口支援在具体实施过程中，关于支援主体、受援主体、援助数量等都没有做出具体的规定，受援地区获得对口支援数量取决于支援方的财政经济状况，甚至当地领导个人对于地区间的相互关系具有极大自由裁量权，不同地区在对口支援的数量上也是各不相同的，这就导致对口支援在平衡地区间财力方面的作用既不明显也不确定。另外，对口支援政策工具过于简单化，对受援地区的政策工具之间缺乏相互配合，形不成合力效应；对口支援政策大多是宏观经济政策，缺乏针对受援地区的精细化政策工具。② 由于对口支援政策工具之间的配合不够，并且对口支援政策政策工具之间的协调性、衔接性、配套性和系统性不强，对受援地区提供了大量资金、建设了大批工程，但是效果并不明显。

（四）对口支援政策和项目缺乏科学有效的评估机制

我国对口支援更多的是中央政府下达给地方政府的政治任务，而且多数情况下是一种应急机制，要求地方政府在规定时间内完成相应的任务，缺乏制度上的规范与制约，在政策出台和项目选择上出现顾此失彼的情况，有的项目在签订后难以落实，不少项目在实施中夭折，而造成这一问题的主要原因在于缺乏一套针对对口支援政策和项目的科学的评级体系。建立一套科学有效的对口支援评估机制，可以及时发现政策执行过程中出现的问题，为政府部门修正政策偏差提供依据，使得对口支援政策能够更加有效。

四、从"对口支援"到横向财政转移支付制度：现实与理性的思考

从 1979 年"对口支援"政策正式确立以来，对口支援对于边疆少数民族地区发展、自然灾害救助以及重大工程援助等方面取得了巨大成就。可见，在我国区域间社会经济发展严重不均衡、自然灾害频繁等现实条件下，对口支援体制有利于缓解这些现实问题，但我们从其实际运用过程中也发现存在诸多问题。主要原因在于目前对口支援制度未能法制化和规范化，并且其属性界定也不够清晰。尽

---

① 王玮. 中国能引入横向财政平衡机制吗——兼论"对口支援"的改革 [J]. 财贸研究，2010（2）.
② 赵明刚. 中国特色对口支援模式研究 [J]. 社会主义研究，2011（2）.

管有的学者对于我国的对口支援体制是否属于横向转移支付存在一定的争议，但是从我国对口支援体制的实践发展来看，从建立初期对于欠发达地区特别是少数民族地区的单边援助以及应对自然灾害的应急性财政行为，到现在发展成为包括生态补偿、地区间基本公共服务均等化、区域共同协调发展、灾害及突发事故应对以及民族团结和文化保护等多个领域长期均衡机制①，我国对口支援在本质上就具有横向转移支付的特征。但这是否就说明我国当前对口支援体制应该转向横向财政转移支付制度，我们认为应该根据中国的现实进行理性的思考。

横向财政平衡机制的建立对于缩小地区间的财力差异实现基本公共服务均等化、促进区域经济的均衡发展等方面具有积极的作用，是实行分级分税财政体制国家特别是发达国家普遍采用的一种模型，很多发展中国家也在纷纷效仿。但是，并不是所有国家都通过建立横向财政平衡机制就能够达到预期目标，横向财政平衡机制的实施需要一定的政治、经济、法律、技术等为前提。中国具有横向财政转移支付性质的对口支援体制实行了 30 多年，随着我国社会经济形势的变化，新形势下的对口支援体制需要进行相应的调整，其改革去向是否就是建立横向财政转移支付制度。目前我国是否具备建立横向财政转移支付制度的条件，我们要进行现实和理性的分析。首先，我国是一个多民族国家，并且各地区之间发展存在严重的不均衡，在一定程度上不利于建立横向财政转移支付制度。中国是一个拥有 56 个民族的多民族国家，各民族之间存在现实的隔阂，并且时常有极少数民族分裂分子企图通过民族分裂活动使民族矛盾激化，在这种现实基础上以民族间的互助制度为基础的横向财政平衡机制难以实施，更多的是依靠中央政府的政治命令而非规范的制度。另外，我国区域之间特别是民族地区与非民族地区之间社会经济发展差距非常悬殊，依靠横向财政转移支付制度来化解这种不平衡的有效性值得怀疑②。其次，中国建立横向财政转移支付制度的伦理准则和法理依据缺乏。对口支援是在支援方与受援方之间的一种经济关系和人文关怀，这种社会关系的基础主要有共同致富论、政治服从论、民族特殊论、生态补偿论、基本财力均等论、自然灾害论等，如何对这些论点进行价值甄别，进而确立中国横向转移支付的理论基础③。同时，我们也没有实施横向财政平衡机制的法律依据，将难以保证导致横向财政分配的公平性，使得运行中产生一定的矛盾，而我国又缺乏相应的协调机制化解其中的矛盾和冲突，最终难以保证其顺畅运行。所以，将对口支援体制中以中央政府政治命令为基础的应急性财政行为演进为一种制度化、规范化的经常性财政行为（即横向财政转移支付制度），并且保证有规范的执行标准，目前还缺乏相应的制度和法治环境。最后，我国目前建立横向财政转移支付制度的制度和技术条件缺乏。1994 年分税制改革以来，中央政府将财权上收的同时并没

---

① 伍文中. 构建有中国特色的横向财政转移支付制度框架 [J]. 财政研究, 2012 (1).
② 王玮. 中国能引入横向财政平衡机制吗——兼论"对口支援"的改革 [J]. 财贸研究, 2010 (2).
③ 伍文中. 从对口支援到横向财政转移支付: 文献综述及未来研究趋势 [J]. 财经论丛, 2012 (1).

有相应上收事权，再加上纵向财政转移支付制度的不规范，使得地方政府普遍出现财政困难，在这种背景下地方政府并没有更多的财力用于横向财政转移支付，地区间财政的平衡更多依靠的是纵向财政转移支付制度，横向财政转移支付制度建立的制度环境缺乏。另外，我国地方政府存在预算外收支和制度外收支，这就在一定程度上难以反映各地区实际综合财力。同时，我国也缺乏有效的现代化数据处理系统与技术，现有的财政管理水平与有效实施横向财政平衡机制的要求还有相当大的差距，横向财政转移支付制度建立的技术条件也不具备。

通过对我国现实的理性分析，我们认为我国当前建立规范的横向财政转移支付制度在法治环境、制度基础、技术条件等方面都存在一定的不足，不应该盲目构建横向财政转移支付制度。但是，我们也应该认识到，新形势下我国的对口支援体制也存在诸多问题，对此进行调整是非常必要的。那么，根据我国现实应该对当前的对口支援体制从以下三个方面进行完善：

（1）加强对口支援的制度化和法律规范性建设，实现对口支援由政治动员向制度激励转变。我国对口支援体制目前仅处在政策规范化而不具备法律规范化，关于对口支援的政策规定多见于中央的政策决定和意见等层面，并没有明确的法律规范，援助的地方政府基于什么样的法律义务去支援受援地区，没有一个明确的法律解释，更多的是依靠中央政府的政治动员和政治任务而缺乏制度激励。没有制度化的激励保障不利于激发地方政府的积极性，也不利于引导地方政府开展各种支援工作，应将政治动员型的对口支援逐步转向制度激励型的对口支援模式。在对口支援制度激励设计中，以合同形式将对口支援各方的权、责、利进行明确的规定，并且将对口支援的规则和流程制度化和透明化，在激励上可以按照一定标准将受援地区经济增长按比例折算到支援地区的 GDP 进行统计，同时加大对不信守承诺方的惩罚力度。

（2）对口支援由单向度模式向对口协作转变，政策工作从单一化向精细化转变。单向度对口支援依靠政治动员而非制度化的模式，并且这种模式下对口支援双方利益是非均衡的。有人认为这是"中央请客地方买单和中央'侵蚀'地方财力的现象"，地方财政是在一种完全极不情愿情况下"被对口支援"。为了执行上级政府和部门的命令，下级政府和部门会根据自身情况区别对待，有的应付执行、有的则变通执行；出现"上有政策、下有对策"的问题①，使得对口支援达不到应有的效果。对口协作模式的对口支援是建立在协商、合作、共赢的基础上，实现对口支援各方共同利益，在对口项目选择上由原来的既定项目向协商对接机制转变，双方就项目选择、资源分配和使用、人员的安置进行协商，使得对口支援向协作发展的转变。同时，建立协作领导机制，在领导构成实现协作中多元参与，协作中的各方不能仅以一方投入的人力、物力和财力的多少来衡量领导权的归属，而应更多关注促进协作公共管理者的技能技巧。另外，随着社会经济的发展，受援地区的诉求出现多元化，应该采用经济、

---

① 周晓丽，马晓东. 协作治理模式：从"对口支援"到"协作发展"［M］. 南京社会科学，2012（9）.

法律、行政等多元化的政策工具，实现对口支援政策工具从单一化向精细化，根据受援地区的实际情况，实行差异化的政策工具组合。

（3）建立对口支援的绩效评价制度和监督机制。建立对口支援项目的绩效评价制度，特别是要引入社会组织参与项目绩效的评价，以增强绩效评价的效果和公信力，这有利于防止一些"形象工程"，真正将援助资金用于受援地区社会经济效益最高的地方。与此同时，要加强监督机制建设，建立对口支援的财务公开和事务公示制度，增强资金使用的透明度，接受社会公众和媒体的外部监督。财政和审计部门也要加强对口支援资金的专户和审计制度，建立对口支援资金专户，实现援助资金的专款专用，并加强对口支援资金的专项审计，加强监督力度。

参考文献：

[1] 国家民委政策研究室. 国家民委民族政策文件选编（1979—1984）[M]. 北京：中央民族出版社，1988：242.

[2] 中共中央文献研究室. 十二大以来重要文献选编（中）[M]. 北京：人民出版社，1986：581.

[3] 国家民委. 中华人民共和国民族政策法规选编 [M]. 北京：中国民航出版社，1997：46.

[4] 钟开斌. 对口支援灾区：起源与形成 [J]. 经济社会体制比较，2011（6）.

[5] 吴邦国. 建设团结、富裕、文明的新西藏—在庆祝西藏自治区成立三十周年干部大会上的讲话（摘要）[N]. 人民日报，1995-09-01.

[6] 刘伟. 西藏教育事业迅速发展 [N]. 人民日报，1992-01-11.

[7] 宝乐日. 对口支援西部地区民族教育回顾与展望 [J]. 内蒙古师范大学学报：哲学社会科学版），2010（1）.

[8] 新疆维吾尔自治区地方志编纂委员会. 新疆通志·扶贫开发志 [M]. 乌鲁木齐：新疆人民出版社，2010：1320.

[9] 新疆维吾尔自治区地方志编纂委员会. 新疆通志·扶贫开发志 [M]. 乌鲁木齐：新疆人民出版社，2010：941-942.

[10] 赵明刚. 中国特色对口支援模式研究 [J]. 社会主义研究，2011（2）.

[11] 王玮. 中国能引入横向财政平衡机制吗——兼论"对口支援"的改革 [J]. 财贸研究，2010（2）.

[12] 伍文中. 构建有中国特色的横向财政转移支付制度框架 [J]. 财政研究，2012（1）.

[13] 伍文中. 从对口支援到横向财政转移支付：文献综述及未来研究趋势 [J]. 财经论丛，2012（1）.

[14] 周晓丽，马晓东. 协作治理模式：从"对口支援"到"协作发展" [J]. 南京社会科学，2012（9）.

全面改善农村人居环境的对策研究[①]

■ 鄢 杰[*]

内容提要： 当前农村人居环境存在的问题主要集中在农民的住房条件差，住房建设缺乏系统规划，农村污水治理和垃圾处理落后等方面。本文从领导管理、组织保证、法规制度创新以及农村人居环境建设的主要内容等方面提出了全面改善农村人居环境的对策建议。

关键词： 农村人居环境　全面改善　对策

一、全面改善农村人居环境的重要意义

目前，我国农村土地面积约达 910 万平方千米，占全国土地总量的 94.7%，农村常住人口约为 6.7 亿人，占全国人口总数的 50.32%。全面改善农村人居环境是新一届政府新近提出的一个推进农村经济、社会和生态统筹协调发展的重大举措，承载了亿万农民的新期待，具有十分重要的现实意义。

（1）有助于拓宽农村群众致富途径，改善农村人口的生活质量和提高农村人口的生活水平，有助于广大农村人口分享我国经济改

---

① 本文获 2013 年中央高校基本科研业务费专项资金应急决策咨询项目支持。

* 鄢杰，西南财经大学财政税务学院副教授、硕士生导师。

革发展的成果。

（2）有助于社会主义新农村建设目标的实现。"生产发展，生活富裕，乡风文明，管理民主"是社会主义新农村建设的基本内容，涵盖了农村人居环境的诸多方面，全面改善农村人居环境有助于进一步推进社会主义新农村建设。

（3）有助于吸引农民工回乡创业，促进农村经济发展，缩小城乡发展差距，缓解城乡矛盾，构建社会主义和谐社会。农村人居环境落后是城乡发展差距的集中体现。长期以来，农村生产生活条件、各种福利水平大大低于城市，导致城乡差距不断拉大，使得大量的农村青壮劳动力涌入城市务工，形成各种新的城市社会问题和农村社会问题。全面改善农村人居环境对于促进农村经济社会发展，缩小城乡发展差距和维护社会稳定有着十分重要的意义。

二、当前农村人居环境现状及存在的问题

农村人居环境是乡镇、村庄及维护居民活动所需物质和非物质结构的有机结合体，是自然环境、自然资源、区位空间等要素的综合体现，是一个复杂的多层次、多要素的复合系统，包括人们居住地的自然地理环境、自然资源条件、各种生活配套设施以及各种公共设施等多个方面。随着工业化、城镇化快速发展和人民生活水平的普遍提高，农村人居环境得到了一定改善。但从总体上看，农村面貌还没有得到根本改变，基础设施和公共设施严重短缺，环境脏、乱、差的问题日益突出。当前我国农村人居环境存在的突出问题主要表现在：农村人口生活居住条件差，农村生态环境污染正在不断加剧，农村基础设施环境亟待改进，农村社会文化环境面临恶化等方面。具体表现在以下七个方面：

（1）房屋居住方面。①当前，农村住房大多数仍然为土筑瓦盖、土筑草盖甚至茅草屋，尤其是西部少数民族地区农村居住条件更差；②近年来，随着新农村建设的推进，农村居住条件得到了部分改善，但普遍存在着农村房屋建设布局选址零乱，缺乏科学规划和统一布局，随意修建，乱拆乱建，私拆私建现象突出，土地资源和建筑材料丢弃浪费严重；③农村房屋室内外设计也不合理，影响了农民生活质量。

（2）农村生活用水方面。①饮水安全隐患依然存在。广大农村地区很多农村群众还是自行打井取水饮用，随着地下水质的污染和破坏，饮水安全问题日渐突出，2012年福建福清市饮用水合格率不到55%。②少部分实行了安全饮水工程的地区，随着水源的污染、水量的枯竭，水厂生产受到影响。而且现有水厂也存在着净水设备陈旧、工艺落后、管网漏损等问题。③很多地方地表水污染严重，不得不采取打深水井的方式进行取水，地表水水位连年下降，西部省份部分地区甚至面临断水威胁。

（3）农村厕所使用方面。目前广大农村地区还存在大量的人畜合用的传统旱厕，厕所仍然是农民储存粪肥场所，西部很多农村甚至还在使用茅草围建的简易粪坑，卫生条件极差，极易滋生病菌。据调查，农村环境污染的35%来自畜禽

粪便。

（4）人畜分离问题。目前农村的住房与畜禽圈舍基本上混杂不分，尤其是偏僻落后的农村地区更是如此，往往鸡舍、猪舍、牛舍与住房连接一起，直接导致生活环境卫生问题。

（5）农村生态环境污染正在不断加剧。①农药化肥污染严重。2011 年农药、化肥、薄膜使用量分别是 1991 年的 1.8 倍、1.6 倍、2.2 倍，长期以来农村大量使用农药、化肥等生产要素严重影响了农村的土地、水源和空气，导致土壤板结硬化，农产品农药残留超标，饮水质量下降。②水资源污染加剧。随着农村生活水平提高，大量未经处理的富含各种化学成分的生活废水污水直接排入江河湖海污染了水环境，2012 年福清市生活污水处理率不到 10%，江苏省约 90% 的农村对生活污水仅作化粪池（沼气池）处理或未作处理而直接排放；随着农村养殖业的发展，养殖场基本上随意排放畜禽粪便不做无害化处理。此外，布局在农村的一些采掘、冶炼企业由于废水废渣等管理不善也导致了农村水环境的污染破坏。③农村塑料垃圾污染日益严重。一方面农村生活中的各类塑料垃圾日渐增加，另一方面农村生产（如大棚种植等）中使用的塑料薄膜也不断增长。据统计，塑料大棚 1 亩残膜可达 100 千克，而残膜要 100~200 年才能在自然界里完全降解，残留的塑料给农村人居环境的改善带来了极大隐患。

（6）农村基础设施环境问题。尽管农村交通、通信、电力等基础设施条件有所改善，但是目前依然存在着供给严重不足的问题，而且直接决定农村人居环境改善的农村垃圾处理设施、污水处理系统和给排水系统等体现现代文明的基础设施基本上缺乏，至少 40% 的村庄没有集中供水，96% 的村庄没有排水沟渠和污水处理，直接影响了农村生产发展和生活水平的提高。

（7）农村社会文化环境问题随着农村务工人员向城镇的大量流入，农村留守的老人、妇女和儿童日渐增多，有的地方甚至还出现了"空心村"的现象，导致农村人口结构发生了巨大变化，由此带来了农村社会和文化环境的剧烈变化，进而引发了诸多农村的社会和文化问题。

三、加快全面改善农村人居环境的对策建议

（一）各级政府要高度重视，形成强有力的组织保证

建议组织成立由不同的相关部门人员组成的从省到县的专门领导小组，负责制定农村人居环境建设工作的计划和落实。

（1）省级领导小组由省委、省政府领导担任组长，省委农办、省发改委、省民政厅、省财政厅、省环保厅、省国土厅、省住建厅、省交通厅、省水利厅、省农牧厅、省林业厅、省文化厅、省卫生厅、省商务厅、省扶贫办、省旅游局、省广电局、省体育局、省政府金融办、省电力公司为成员单位，省级领导小组对农村人居环境建设进行宏观指导和监督检查。

（2）县（市）级农村人居环境建设领导小组由县（市）领导担任组长，县

（市）级农业局、发改局、财政局、环保局、国土局、房管局、交通局、文化局、卫生局、交通局、扶贫办等相关部门为成员单位，对农村人居环境建设进行综合管理和领导，负责全县（市）农村人居环境建设工作的实行。

（3）对于面积和人口规模较大的乡镇，或者经济发展规模和水平较高的乡镇，也可以成立专门的领导小组配合执行农村人居环境建设工作。对于没有条件的乡镇，也应该确定专门人员或机构负责该项工作。

（二）坚持规划先行，科学设计，以规划统领农村人居环境建设

（1）坚持不规划、不建设的原则，抓紧编制改善农村人居环境建设规划。规划要从县（县级市）级开始编制，扩展到乡镇和村社一级，以县（县级市）级政府为责任主体，以乡镇级政府为规划执行主体，以农户和企业为建设主体。以县（县级市）级规划为纲统领全县（市）农村人居环境发展规划，以乡镇级规划为重点，以村社规划为补充。

（2）规划编制要包含农村人居环境建设的总体规划、详细规划和专项规划，内容要涵盖农村房屋、水源、垃圾处理、公益设施布局、工矿企业布局等涉及人居环境的各个方面。

（3）规划的编制要广泛征求社会各界意见，把领导设想、专家意见和农村群众的发展诉求相结合，把农村人居环境建设规划编制和地方经济发展规划、产业规划、环境治理规划、国土整治规划等相衔接，突出地域、文化特色，既要体现和符合县域经济发展的战略要求，更要兼顾农村群众的实际需要。

（4）要严格农村人居环境建设规划的执行，把规划的各项要求落到实处，避免规划就是"纸上画画，墙上挂挂"现象的出现。尤其是最终落实环节，要向农民群众加强宣传，加强监督，避免或减少农村建设中的随意修建，乱拆乱建现象。县、乡镇级政府要明确任务目标、实施步骤和阶段重点。在责任落实上，进行明确任务分工，制定任务分解表，明确牵头单位和责任单位，落实乡镇、村主体责任，县政府可以与各级乡镇政府签订责任书目标书，乡镇将各项任务全部落实到具体责任人，确保规划落到实处。

（5）省级政府对规划的编制进行宏观指导，省住建厅牵头制定全省农村人居环境规划编制的指导意见，省财政厅给予必要的补助，选择高水平有资质的机构编制规划，要积极支持乡镇政府组织编制村庄规划。要按照一张蓝图绘到底的要求，保证规划实施的连续性和有效性，防止因人事的变动而变动，把保证规划的实施作为考核党政干部政绩观的重要内容。

（三）加强农村住房建设管理，改善农村人口住房条件

（1）按照"撤小村、并大村、建新村"的思路，加强农村人口的空间分布调节，形成科学、合理的农村房屋布局和人口分布。

（2）乡镇政府要向农民群众建房提供积极有效的建筑设计建议，引导农民在房屋建设过程中把传统的建筑艺术和现代的建筑文明相结合，注意把起居室、厨房、卫生间、洗浴设施、生活污水排放等结合起来进行房屋的系统化和一体化设

计建造。

（3）目前农村住房建设情况比较复杂，传统民居形式多样，地方各级政府要在充分调查研究的基础上，根据实际情况分门别类区别对待。对于在原宅基地上重新建房，原址进行危房改造，新址新建住房，以及根据村庄或乡镇整体规划搬迁新建房屋的不同情况，制定不同的扶持政策。

（4）在农村房屋改建、新建过程中，要加强扶持资金管理，采取补贴和奖励相结合，以奖为主、补贴为辅或者以奖代补的形式，以提高资金使用效率。无论采取哪种方式，政府都要加强支出管理，强化支出效率。

（5）制定闲置宅基地转化为田地进行复垦的相关政策。

（四）加强农村饮用水水源的环境保护，把防止污水、废水、废渣的乱排乱放和水资源的保护结合起来，做到先防后治，边防边治，防治结合

（1）结合主体功能区规划，划定农村集中式饮用水水源保护区，依法取缔保护区内的排污口，加强对分散水源地监测与管理。

（2）要强化农村生活污水处理。一种是建设中小型污水处理站，将几十户、上百户村民分散排放的生活污水通过管网或自然沟渠收集起来相对集中处理；另一种就是通过简易设施就地分散处理。

（3）要落实环评制度，加强环境监管，遏制企业违规排放。同时，加大节能减排力度，发展循环经济，从源头上减少污染排放。加强对工农业用地的环境监测和评估，积极防治土壤污染。

（4）要加强畜禽和水产养殖污染防治，积极推广测土配方施肥，防治农业和农村面源污染。

（5）加强重点流域水资源的污染监测，加强对群众反映强烈、环境问题突出的村庄、乡镇的污染整治。

（五）加快农村基础设施建设，提高农村各项基本公共品供给水平

目前农村基础设施类公共品供给依然严重滞后，极大地制约了农村人居环境的改善。

（1）加大农村交通投入，加强农村道路建设，改进交通状况。目前农村虽然实行了乡乡通工程或村村通工程建设，但从已有情况看，农村道路规划不合理，很多乡村只有一条道路，难以满足实际需要，建议强化农村交通路网建设，形成网状的农村道路结构。提高农村道路建设的质量标准，尽量实现村街道路硬化。此外，还要提高农村的公路、公交客运服务水平，缩短公交车的发车间隔时间，提高公交车运行速度。

（2）改善农村通信设施。目前农村地区电视电话普及率有所提高，但电视基本上以无线收视为主且频道少，以县级台为主且制作水平很低，要加快卫星转播和有线电视的推广；农村移动电话主要是部分在外打工的年轻人使用，很多家庭还缺乏电话，要进一步提高电话的普及率。目前绝大部分农村还缺乏互联网，乡镇居民也只是部分地安装了互联网，而广大的村社群众基本上不懂互联网的使用，

必须进一步加大互联网在农村地区的推广使用。

（3）提高农村能源供应，改善农村的能源使用情况。目前农村虽然大部分用上了电，但电网陈旧，电压偏低，供电不稳定，要提高农村电力网络配置和配电变压器容量，提高农村电网支撑力。政府要鼓励农村建设沼气池充分利用沼气能源，加大太阳能设施在农村的普及充分利用太阳能。

（4）加大农村各类垃圾处理设施的建设。目前农村生产生活垃圾正在快速增加，处理率很低。要加大污水废料等垃圾处理设施的建设，科学合理布局污水处理厂和垃圾填埋场，加快污水排放管网建设，强化垃圾的分拣、运输和处理，构建一个覆盖乡镇、村社的污水处理和垃圾处理系统。

（5）要建立完善"政府引导、市场推进"的投入机制，鼓励各类社会资本进入农村环境基础设施建设和经营领域，有效提高公共品的供给水平。

（六）加强农村社会文化环境建设，把传统文化的继承和现代文明相结合，提高农村乡风文明程度

（1）随着大量农村人口流向城市，农村社会问题逐渐增多。当前要重点抓好农村社会治安问题保障农村群众的日常安全；要解决好留守老人的养老和留守儿童的生活和学习，做到老有所养、幼有所靠；要强化基本道德建设，鼓励农村青年孝顺老人、尊敬老人、赡养老人。

（2）加强农村文化设施建设，增加农村文化站、广播站的供给数量，丰富农村文化活动。根据湖南的抽样调查，有文化站的村只占了18%，有农村业余文化组织的村仅占13%。农村文化站普遍存在面积小、条件差，功能不全等问题。此外，农村文化活动开展的数量有限，甚至许多农村地区基本上没有开展过文化体育艺术活动。因此，要进一步加大农村文化建设投入，做到村村都有农村文化站、图书馆、广播站、电脑室，让农村群众吸取更多的文化粮食，改善农村精神风貌。

（七）加快我国农村人居环境建设方面的相关立法和建设标准的制定

（1）加快出台农村人居环境的相关立法。尽管《中华人民共和国环境保护法》第七条规定涉及了环境保护，但不够系统且都是一些原则性的概述，缺乏有针对性的具体规定。我国尚没有一部专门针对农村人居环境问题的法律法规，建议将保障农民环境权写入法律条文之中，制定一批具有针对性的专门法，如"农村环境保护法"、"农村清洁生产促进法"、"土壤污染防治法"、"农村环境影响评价法"等。

（2）尽快制定和出台农村人居环境建设和发展的相关标准。现行的环境标准如《大气污染防治标准》、《水污染防治标准》、《噪声污染防治标准》等相关内容主要是针对城市人居环境的。适用于农村地区的环保标准只有《畜禽养殖业污染物排放标准》、《灌溉水质标准》、《渔业水质标准》等少数服务于农业生产的标准。而在直接涉及农村人居环境如土壤污染、农药使用、生活和农业污水污染、农村饮用水以及饮用水源保护、农业植物基因资源等方面，相关的标准均未明确。建议中央相关部门联合制定一个涵盖宪法—基本法—专门法—相关标准—补充性法

规条例的系统完善且有针对性的农村人居环境与资源保护法律体系。

参考文献：

　　[1] 李伯华，曾菊新，胡娟. 乡村人居环境研究进展与展望 [J]. 地理与地理信息科学，2008 (5).

　　[2] 蒋淑玲，王宏波. 新农村建设中农村人居环境建设存在的问题及其对策思考——以湖南省衡阳市为例 [J]. 农业经济，2010 (5).

我国农户主导型集体土地流转模式特征、动力与趋势研究[①]

■ 于传岗[*]

内容提要： 自2009年以来，政府介入土地流转，对促进土地规模经营、现代农业发展、农业技术推广与经营创新等起到了积极作用，人们由此认为以家庭承包制为基础，以农户主导的土地流转难以与时俱进，最终扭曲了农村经济资源在城乡统筹配置的目标。但是，农户主导型解决不好的土地流转，政府或集体主导的配置也解决不了，对此必须引起足够警惕。如何看待作为"三种流转模式"之一的农户主导型流转模式的最新特征、演化动力及趋势，既是甄选最优土地流转模式的前提，也是优化土地流转对策的基础。因此，从"五类农户"土地权益的视角，分析农户主导型如何在理性与现实、传统与现代、内因与外因的互动中最终演化为最受农民欢迎的主体流转模式。由此得出，"三种模式三分天下"的流转格局是农户禀赋与城乡产权体系长期匹配或错配的结果，任何冒进或盲动的流转行为不仅造成"三农"问题长期恶化，而且违背了社会生产力与生产关系同步发展的基本规律。

关键词： 五类农户　土地流转　农户主导型　演化趋势

---

① 本文获河南省社科学规划基金项目（项目编号：2010FJJ045）与河南省政府决策项目（项目编号：2011B559）支持。

* 于传岗，平顶山学院经济与管理系副教授、平顶山学院新农村发展研究院研究员。

一、问题提出：土地和谐流转需要什么理论

2013 年 7 月，习近平、李克强同志分别在武汉、常熟等地调研时提出，要加强对土地流转一般规律研究。虽然对土地流转问题研究早已有之，但对土地流转的新问题、新情况，却难以给予科学解释。土地流转传统观点认为：小农经营是好的，有效市场能够克服土地流转不畅或滞后等短期化现象，却忽视国家治理残缺造成土地配置市场失灵在我国普遍存在的事实，造成小农配置土地有效论在中国演绎为无效论。而有的人则认为，中国的农民不需要地权，只要调整权。[①] 因为中国的小农经济与现代农业、规模经营可以兼容，从中得出农户主导型过时论或政府配置有效论。可最新调查显示，农户解决不好的土地流转，政府或集体也解决不了。[②] 一是政府主导型难以规避土地抛荒与利用的低效率；二是政府推崇的农业专业合作社难以推广；三是政府对土地规模经营的补贴诱致投机资本"圈地"、"圈钱"；四是小农经济依旧是农民最青睐的经营模式。针对政府介入土地流转新情况，于传岗自（2010、2011、2013）从土地流转利益相关者的视角把土地流转分为"三种模式"，并重点研究政府主导型流转模式[③]，朱凤凯和张凤荣等（2012）和张远索（2013）从土地发展权转移，郭晓鸣、张克俊（2013）从流转确权与农民增收，曹裕（2012）和张鹏（2013）等认为对农地流转权益分割的视角也进行了类似的研究。

尽管以上研究成绩斐然，但研究结论要么自相矛盾，要么以偏概全，至今存在对"农户解决不好，政府或集体解决不了的土地流转错位问题"[④]。其主要原因是：①这些研究没有从源头上对其正本清源，没有分析不同类型的农户如何因时、因地而制宜配置家庭资源及其目的；②缺少从系统论的视角分析农户对流转土地的一般诉求及其规律。此类研究的残缺与滞后，不仅难以克服土地配置与经营低效率的局面，而且地方政府介入土地流转的力度与广度前所未有；不仅导致人们对农户主导的流转模式存在片面、甚至是错误的认识，而且诱发提出的农地流转政策论与实践大相径庭；不仅忽视了农民实践中的创新能力，而且导致农地流转理论难以与时俱进。因此，从农户的视角分析农地如何在原生态条件下流转及其一般规律，就成为时代课题。正是在这一背景下，习近平与李克强同志提出加强对农地流转机制的研究。

加强全面改革时期土地流转一般规律研究，不仅有助于农村物质、人力、社会资本的长期协同匹配，而且有利于农地流转机制与经营长效机制的构建；不仅有利于协调国家、地方与农户的三方利益，而且有利于维护国家粮食安全、社会

---

① 贺雪峰. 农民真正需要的不是土地的所有权，而是调整权 [N]. 光明网——理论频道，2013-10-30.
② 经济参考报记者团. 小岗村土地流转调查：资本大举进村流转"走样" [N]. 经济参考报，2013-10-21.
③ 于传岗. 我国农村土地流转方式、流转成本与治理绩效分析 [J]. 江汉论坛，2011（6）.
④ 经济参考报记者团. 小岗村土地流转调查：资本大举进村流转"走样" [N]. 经济参考报，2013-10-21.

稳定、农业发展。因此，本文在对五类农户分类的基础上，着重分析农民对土地诉求产生原因，以及对农户主导型流转模式演化的影响。

二、"五类农户"：一个新分析框架的尝试

我们提出"五类农户"这一概念，意在强调农户流转土地的禀赋特质，即农地的流转是跟农户先天禀赋与后天禀赋紧密联系在一起的。我们认为，附着在土地流转中的人地关系，并不仅仅是"人地"之间的资源配置关系，而是农户与农户之间对幸福追求形成的人地、人资、人制之间的利益与幸福匹配关系。土地流转权益嵌入于人地匹配的幸福关系之中。简而言之，农户对家庭幸福诉求决定了户主对家庭资源配置诉求，不仅取决于家庭物质幸福流与非物质幸福流的最优组合，而且取决于农户禀赋内在特质及外在差异；不仅取决于家庭禀赋对外因刺激所引致幸福度（流）的弹性及差异，而且取决于不同农户所拥有"三类资本"禀赋的特征及差异。这些特质及差异，不仅是农户配置家庭经济资源外在表象的物质基因，而且也是农户社会分层、分类的社会基础。因此，在农户寻求家庭幸福最大化的假设下，农户对物质幸福流与非物质幸福流的偏好决定农户配置资源的外在特征及其分类，这就是本文研究的基本框架。我们认为，按照农户资本禀赋特征及对家庭幸福诉求的差异，可以把农户分为纯流转户、准流转户、自营户、准承租户与纯承租户五类，简称"五类农户"。

（1）自营户的演化特征。自营户是指土地既不流转也不承租的农户，属于农村典型的自我生产、自我消费、自我演化的群体。传统观点认为，自营户具有自我丰衣足食的特征，属于男耕女织的幸福家庭。调查显示，自营户是一个庞大的弱势家庭的集合，包含了老年家庭、多病家庭、孤寡家庭、乡村干部家庭与部分民工家庭。除干部家庭外，多数家庭人口少、劳力弱、社会关系单一，多数属于农村最贫困家庭。从资本构成看，除民工与干部家庭外，多数自营户既没有从事非农业生产的人力资本与社会资本的相对优势，也没有从事农业的人力资本与物质资本的比较优势，其家庭收入主要来自农业收入或政府转移支付。因此，从家庭生命周期看，民工家庭多数处于家庭生命周期中年期，其他处于家庭生命周期两端。虽然家庭人口的新陈代谢，使处于幼年期的留守家庭多数演化为准流转户，少数固化为自营户；处于老年期的自营户将演化为准流转户或纯流转户，但前者受国家产业化、教育政策的影响较大，后者受国家农村福利政策的影响较大。

（2）准流转户的演化特征。准流转户是部分自有承包由被家庭经营，部分被流转的农户，土地流转主要在乡邻或亲朋间进行，属于典型的"户户对接"流转。农地经营以家庭消费效用最大化为主。从家庭特征来看，准流转户与家庭劳动力外流相关，以老年家庭、妇女家庭等留守家庭（民工家庭）为主，也包括部分"非留守"老年家庭、体弱多病家庭。这些家庭一个共同的特征是劳动力短缺，户主对流转农地呈现梯次排列，优先流转零碎土地或劣等地，最后流转大块地或好地。为弥补家庭劳动力短缺，部分农户"以土地换劳动力、换机耕"来经营残余土地，部分农户以租金维持生计。纵使存在流转"好地或大块地"的农户，其流转租金以实物地租（获得口粮）为主，且流转租低于其他模式。从家庭禀赋来看，留守家庭农户拥有比较优势的非农业类人力资本，且非农业收入成为家庭主要收入，但非农业收入难以维持家庭在城乡的生活成本，农户需要经营部分农地弥补收入的不足。从演化性质来看，其演化最终取决于家庭所处的生命周期及人力资本演化，部分留守家庭将演化为纯流转户，部分民工类将固化为准流转户或自营户。

（3）纯流转户的演化特征。纯流转户是户主自愿全部流转土地的农户。其流转特征与准流转农户没有太大差异。从时空分布看，纯流转户多发生于城乡结合部、小集镇；在远离城镇的乡村，纯流转户所占比重较低。前者主要与企业或政府对接流转，后者多采用户户对接流转，其流转租金可能高于后者，后者存在零流转租金。从收入禀赋看，前者在地区分布上集中在城郊，而城市生产力辐射带来的家庭禀赋收入的乘数效应也大于后者，从而加速那里的准流转户、自营户向纯流转户演化，因而流转土地采用以一次性流转为主，较少采用分批流转。相反，后者在乡村多数属于农村精英家庭，家庭拥有相对优势或绝对优势的非农业类人力资本与社会资本，因而有稳定的非农业收入且可以维持家庭过上体面的城乡生活，属于最早脱离"三农"的农户，也基本融入城市生活，只是在农户中所占比重低。因此，在流转路径上，多数农户采用渐进式流转。从演化进程看，虽然二者同乡村存在千丝万缕的联系，但是此类土地流转具有较强的稳态效应与不可逆性。

（4）准承租户的演化特征。准承租户是指那些既经营自家承包地，又租用其他农户承包地的农户。与其他农户不同，准承租户一般面临人地矛盾，人地比（农户农业劳动力人数/比土地面积）大，主要原因是家庭劳动力供给过剩，且对外输出不畅。从资本构成看，此类农户在农业类物质资本或人力资本具有比较优势，而在非农业类资本面临比较劣势，但是家庭农业经营的技术水平较高，因而对土地规模经营有内在要求。若家庭同时具有农业类社会资本优势，其最易发展为家庭或家族农场。从分布的区位看，在广大乡村，准承租户所占比重高，但远远低于自营户，承租的土地以乡邻为主，且以种粮为主，兼顾经济作物，只是流转租金较低，其高低取决于家庭社会资本的质量。尽管在农闲季节不同地区的准承租户有获得工资性收入的动机，但农业收入是家庭的主要来源。

（5）纯承租户的演化特征。纯承租户是指那些没有承包地或有少量承包地而大量租用其他农户土地的农业家庭（如种田大户或专业户）。从地区分布看，纯承租户主要分布在城市周边地区。城郊存在的纯承租户以菜农、花农、果农、养殖户为主，多数是具有绝对优势的掌握农业技能的外来农户，农业收入为家庭唯一收入。纯承租户的存在、壮大，或许是企业农场得以萌芽的前奏，也是新型家庭农场制得以涅槃重生的组织基因。

以上我们粗略地把农户分为了五类，其中，纯流转户与准流转户称为流转户，准承租户与纯承租户称为承租户。但纯流转户与纯承租户属于农村的精英基层，而自营户多数属于农村弱势阶层，准流转类农户介入二者之间。但是，在农户主导按照市场自由理念配置资源的条件下，五类农户资源禀赋横向流动是常态，而纵向流动多数源于农户人力资本的提升，这种才能提升其经济与社会地位。

三、农户主导型土地流转的最新特征

什么是农户主导型？农户主导型流转模式可以定义为：在没有第三方参与或参与但不以赢利为目的的条件下，农户以家庭而非自然人为单位在配置家庭土地、劳动力、资本等经济资源时寻求家庭效用或效益最大化，且坚持同等条件下熟人优先的土地流转模式。[①] 20 世纪 80 年代以来，以家庭土地承包制为基础的小农经营制为农业发展、农民增收与国家粮食安全做出巨大贡献，并孕育农户主导的土地或资源配置模式。在 20 世纪 80 年代的经济特区、90 年代的沿海地区、大中城市周边，21 世纪以来的农业主产区，全国城市经济起飞在拉动农村劳动力持续外流的同时，也改变了不同农户资源禀赋匹配的路径。一部分农户因家庭劳动力外流而相对短缺，一部分农户劳动力流转不畅而供给过剩，为了获得更多农业收入，劳动力短缺与过剩的农户之间出现了"以土地换劳动力，以资本换土地"的现象，这是最初形态的农地流转。随着城乡资源价格上涨，农业劳动力因人口外流而变得相对稀缺，农户之间资源互补机制在各地先后瓦解，一种更高级形态的资源匹配机制开始出现，劳动力短缺的农户流转土地获得地租，劳动力过剩农户支付租地获得利润，这就推动农地流转市场发展。但是，21 世纪以来农地有何新特征，人们对此知之甚少，因而下面分析农地流转的最新特征。

（一）农户土地流转呈现驼峰形态

在人口众多的自然村落内部，流转土地有其内在的运行规律。若把不同村落的农户流转比（为纵轴）与村落所处的生命周期年龄段进行散点描述，二者在坐标平面呈倒 U 曲线，这说明不同村落所处生命周期同农地流转比重存在某种差异及演变趋势。但是，这种特征是否由不同村落人口增长率所决定？从长期看，流转趋势未必与村落人口演化同步。若外部经济体不能有效吸纳新增劳动力，整个村落的土地将出现细化，土地承包制将难以长期践行。相反，当外部经济体能长期有效吸纳村落劳动力，劳动力外流并造成村落存在农业劳动短缺时，最终土地流转将加速。在罗山县湖南村、泗淮村等调研发现，在人口幼龄化、老龄化的自然村，农户流转比（流转户/本村落总农户）或土地流转比偏低；人口青年化、中年化、高龄化的村落，农户流转比偏高。由此可见，村落所处生命周期阶段将决定于人口增长率与劳务输出率状况。一般说来，处于青春期或中年阶段的村落，劳动力净输出率要大于人口净增长率，从而提高了土地流转率概率。但是在老龄化村落，尽管人口净增长率下降，但是劳务输出回落也导致土地流转比重下降。

---

① 于传岗. 基于国家治理视角下农户主导型土地流转性质分析 [J]. 农业经济，2012 (10).

深入调研发现，农户所处的生命周期决定村落的生命周期，进而决定农地流转演化趋势。农户人口自然消亡也影响家庭土地流转，但存在不确定性。民工家庭父母逝去可能加速家庭的农地流转，也可能延缓流转。一部分准流转户可能因子女成人而沦为纯流转户，另一部分准流转户可能因子孙年幼需要照顾而沦为自营户或承租户。但是，对那些人多地少的农户而言，由于家庭劳动力外流存在人力资本瓶颈，年老父母的故去导致家庭人口减少未必能推动土地流转。通过分析户主年龄发现，对户主年龄（平均年龄）段及禀赋特征决定土地流转而非农户的平均年龄段。在一些上千人的村落，农户流转比重随户主年龄上升而上升，在 26 周岁时流转户达到一个峰值，流转土地比也达到峰值；随后农户流转比重随年龄增加略有下降，这种下降趋势在 26~30 岁年龄段终结，在 30~36 岁年龄段农户呈现水平波动，35~46 岁年龄段农户流转比上升且达到新的峰值，在 45~66 岁年龄段农户流转比日趋降低、土地流转比也呈现下降趋势[①]。可见，不同年龄段的农户分布比重呈双驼峰形态。以此推测，农户所处的生命周期阶段影响家庭土地流转。但是，在其他自然村调查发现，流转农户与农户年龄并无显著的双驼峰特征，尤其是那些人口较少的村庄，农地流转与农户年龄结构几乎无关。对此，一种解释是，这种村落样本太小，或者是户主平均年龄趋同化，但是对人口较大的村落，这种规律是存在的，只是驼峰陡峭的程度存在差异。至于是什么因素导致农户主导下的土地流转呈现双驼峰特征，可能是源于农户拥有的三种资本与外资环境匹配所形成的拉力对土地流转形成的乘数效应，一旦乘数效应消失，土地流转就会逆向。虽然 80 后、90 后是民工的主力，且八成新生代民工没有从事过农业生产[②]，但有人预言中国农业的未来就是消灭农民，若没有城乡一体化的养老制度，这种观点是多么荒谬。

（二）土地流转路径呈现雁阵形态

在中国城市经济腾飞的背景下，课题组的调查显示，纯流转户是基本实现在定居城镇化的人群；准流转户是潜在的城镇化群体，自营户是消极对待城镇化群体，准流转户是希望其他农户加速城镇化的群体，而纯承租户是希望城镇化大跃进的阶层。五类农户对城镇化的诉求源于对家庭收入最大化追逐，最终导致农村人口梯次城镇化。[③] 那么，农户梯次城镇化是否会导致农地流转梯次性？从动态视角看，的确存在这种可能。五类农户对"流转土地比"呈现梯次性。若把五类农户资本分为农业类与非农业类资本，拥有一定非农业类人力资本与社会资本绝对优势的纯流转户，既是农地流转首创者，也是农村新经济体的开创者，属于农地流转的第一梯队；具有非农业类人力资本具有比较优势的准流转户，是农地流转的第二梯队；物质、人力与社会资本处于相对劣势的自营户，是农地流转的第三

---

① 此组数据以不同类别签约农户数与本类农户总量之比。
② 纪欣. 80 后农民 8 成不种地，应取消户籍限制 [N]. 法制晚报，2013-11-05.
③ 卢东宁，陈江生. 农村人口梯次成长规律研究 [J]. 西北农林科技大学学报：社科版，2013（5）.

梯队;具有农业类物质资本与人力资本比较优势的纯承租户,是农地流转的第四梯队,拥有农业类资本绝对优势的纯承租户,是农地流转的最终受益者,将构建家庭农场。从空间形态看,农地流转呈现:"人"字型的雁阵形态。其中,纯流转户属于雁首、准流转户处于雁颈、自营户处于雁身、承租户则处于雁尾。在浉淮村的调查发现,在五类农户中,自营户所占比重最高,准流转户与准承租户次之,纯流转户较少,而纯承租户最少。

由于五类农户"分布比"与农户经营土地面积呈倒"U"型或倒"L"型分布,且这种这种分布又存在地区时空差异①。那么,这种农地流转梯次空间动态分布是"人"字型还是"一"字型的雁阵?这就需要分析农地流转的时空特征。土地流转从倒"U"型演化为倒"L"型,这是源于"无地可流转",还是因"农户惜地"所致;是源于工业化,还是因政府干预所致?这就需要分析五类农户资本(禀赋)特征及其对土地配置的诉求。事实上,农地流转之所以能够进行,源于五类农户非农业类三大资本由强向弱、农业类资本由弱到强的排序梯次,一旦这种梯次被制度环境所激活,即农户资源禀赋与环境一旦出现占有匹配的机会,土地流转将以雁阵形态起飞。从动态视角看,流转土地雁阵模式与农村人力资本外流的梯次相匹配,即农户的综合素质决定农户的分工及收入流的差异及其分布的梯次,最终决定不同农户农地流转的进程与方式。在浉淮村的调查发现,73.9%的纯流转户户主是大学生或高中生,63.5%的是准流转户户主是初中以上文化、具有一技之长的技工;自营户几乎是文盲或半文盲家庭;准承租户的户主是文盲、小学文化的农业类人力资本家庭;纯承租户的户主是初中以上文化程度或聪明的文盲,具有绝对优势农业类资本的精英家庭。若把五类农户按人力资本分类排列,那么五类农户的人力资本配置排序也呈雁阵结构,这种形态能与农地流转的雁阵有效拟合。因此,农地流转的雁阵模式源于五类农户资本组合的雁阵模式。以此推测,若其他条件不变,不同农户拥有人力资本的深度与广度将决定农户分工及增收的深度与广度,进而决定了农村土地流转的梯次与进程,也决定了农民城镇化的梯次性,最终决定了五类农户土地流转身份的更替。就此而言,政府制定的农地流转政策必须与农户资本及禀赋相匹配,否则政府推进的土地流转与城镇化都将加速逆城镇化的出现。

(三)农村土地流转脱媒特征显著

长期以来,受到政策扶持的专业合作社,在实践中却难以盛行,而为何农户偏好户户对接的农户主导型?这就需要了解什么叫土地"流转脱媒"。② 土地流转脱媒是指为农户与集体组织在配置土地或流转土地时,把土地供给避开政府或其

---

① 于传岗. 农村集体土地流转演化趋势分析 [J]. 西北农林科技大学学报:社科版, 2013 (5).

② 在金融术语中,把资金供给绕开商业银行这个媒介体系,直接输送到需求方的这种资金体外循环,称作金融脱媒,它的英文是 disintermediation (Arthur Anderson, 2000b; Global Finance, April & August 2000)。也就是说,资金的供给通过一些新的机构或新的手段而直接输送给需求方,造成资金的"体外循环",从而避免了政府的金融管制。

他有偿服务组织等媒介体系，直接把土地输送到需求方的这种土地流转体外循环。土地流转脱媒分为集体主导与农户主导两大类。在浉淮村调研发现，前者占8.3%，后者占91.7%。前者主要集中农村两委（村民委员会和党支部委员会）直接掌控的经济价值高的土地资源中。在农地流转中，乡村干部、名流等精英优先获得承租权，流转过程采用土地供给（农村两委）→土地需求者（乡村干部、名流家族）直接对接。由于乡村干部家庭与乡村名流家庭社会地位合二为一，这种集体主导的土地流转脱媒，实质上是农村干部家庭主导的流转脱媒，因而流转租金要比市场化原则下的农户主导型流转租金低。例如，小产权房低房价是土地流转脱媒所致。后者主要是农地发展权的流转，且农户是土地流转主体，又很少与有偿服务的中介对接，而是采用农户+农户的对接模式，几乎不与中介（官方或半官方组织）接轨。这是流转供求双方对政府、乡村干部参与土地流转攫取利益的一种消极抵抗，但二者都遵循流转脱媒。

从流转路径看，政府或集体主导型是，农户供给土地→地方政府或集体组织获得土地→流转中介（农村土地合作社、土地使用权信托机构、土地银行与农地证券化机构）从政府或集体获得土地和土地经营需求者（农业企业、农业合作社、种田大户、家庭农场）。相反，农户主导模式受农户偏好源于农地脱媒的路径，土地供给者（农户）和土地经营需求者（农户、农业企业、农业合作社、种田大户、家庭农场）直接对接。在实践中，虽然农户主导型有与互助组对接的先例，但农户分别与合作社、股份制公司、农业企业对接个案较为罕见。由于前者运作增加了组织运作成本与契约交易成本，最终由供求双方分担；后者直接把土地流转输送给需求方，从而造成土地"体制外流转"，避免了流转寻租，降低了流转成本。在光山县开办的土地银行试点，流转土地的服务费每亩50元，约占农地农用流转收益的5%。然而，这笔费用最终由谁分担，最终取决于流转双方的供求双方的弹性系数。由于存在土地流转脱媒，河南光山县相同品质的地块被流转，农户、集体、政府主导型流转租金分别为300元/亩、400元/亩、600元/亩。可见，流转脱媒是农户主导型存在的交易基础。农户对流转中介的脱媒存在不同偏好。除了纯承租户外，其他四类反对地方官员与村干部参与土地流转。纯承租户可能偏好企业化、公司化的承租户，而准流转户偏好与血缘或亲缘的家庭对接，而自营户偏好多元化流转，准承租户排斥企业化农场，纯承租户偏好土地流转不脱媒。但是，在流转租金一样的条件下，前四者偏好流转脱媒，后者可能是例外。调查发现，约95.7%的农户对流转脱媒情有独钟。

（四）土地流转以渐进式为主流

从土地流转规模看，农户主导型规模经营在农业主产区并非一蹴而就，大致经历微型流转、小型流转到适度流转的过程，这一历程与农村生产力演进基本同步。以信阳市为例。无论是在城郊还是在乡村，农户主导的流转规模、速度几乎与城乡生产力发展速度同步。2005年前，城市发展相对滞后，乡村部门土地流转规模小、速度慢，承租户经营土地面积较小。在国家以农补工时代（2005年以后），耕地抛荒消失，农地又成为香饽饽，农地流转在部分地区出现反复，因而后农业税费时代，农村财税政策延缓了农地流转的进度。据信阳市农业局统计，2009年信阳市耕地流转面积125.79万亩，占耕地总面积的13.6%，若以民工潮兴起的1990年推算，平均流转速度为0.68%。

从土地流转路径看，多数农户对农地流转经历细碎流转、局部流转和整体流转三个阶段。一般说来，多数流转户先后经历了家庭农业劳动力短缺的雇工阶段（土地不流转），劣等土地或小块土地优先流转阶段，优等地、大块地全部流转阶段与宅基地流转最后阶段四个阶段。在浉淮村调研发现，83.7%的农户有此经历。但是，在经济相对发达的城关镇，土地一次性流转比重高达43.1%。对纯承租户而言，家庭经营的土地经历了小农承租经营、微型农场、小型农场到家族农场或中型（具有适度规模经营特征）演化的历程。这在豫南某县乡村普遍存在，只是不同农户经营土地规模及所处阶段存在差异；多数承租户（菜农、花农等）在城乡结合部扩张速度要高于乡村。一般说来，自营户可能是农业劳动力雇佣户或输出户，也可能是农机出租户或租赁户，但是这些农户最终可能演化为准流转户或纯流转户，抑或是承租户；准流转户可以演化为纯流转户，但乡村承租户很少演化为流转户。在农户经营土地身份发生演化的同时，农户生产工具也经历畜力、小农机械和中型农机三个阶段。在浉淮村的最新调查发现，准流转户几乎没有购置任何农机工具，71%的自营户拥有小型拖拉机，98%的准承租户购置中型拖拉机或小型拖拉机或播种机，但是购置大型收割机的农户不足2%，且以出租为主，只有0.8%的农户以畜力作为耕力。

土地突变式流转开始流行。在浉淮村调查发现，2002年以来，选择渐进式流转的农户占91%。2010年以来，选择一次性流转的占流转户的48%，多数是准流转户，或者是人多地少的自营户，"被过于狭小的土地把人挤走的"，或者是家庭农业劳力突然短缺的民工家庭，农机与人力雇佣成本的上升也加速土地流转突变。对承租户而言，尽管多数承租户偏好一次性流转，但流转比重偏低。承租户首先承租的是小块地、劣等地；其次是大块地或优等地；最后是连片承租土地。土地在循序渐进流转的同时，乡村社会资本也在调节农地流转方向与范围，如多数农户坚持邻里优先与亲朋优先的原则。首先，土地优先在家族或宗族内部流转，于是有"孙田爷种"、"侄地祖耕"的现象；其次是本村民小组、自然村内部优先承租，至于土地被外村农户承种，极其少见。在浉淮村仅占不足5%。从农户主导型流转租的载体演化看，流转租经历了以实物租或劳役租为主向货币租为主的演化过程，但这种演进因农户禀赋及偏好的不同而不同。

（五）土地流转孕育家庭农场

家庭农场发育存在时空上的梯次差异。从家庭农场发育程度看，一般说来，华南家庭农场规模大、所占比重高，华中、华北地区规模小、比重低；东北、西北地区规模大、比重低；东部规模大、比重高，中部规模小、比重低，西部规模大、比重高；山区丘陵规模大比重高、平原地区规模小比重低。因此，家庭农场在全国的分布密度与规模呈"锅底"形态。例如，沿海地区家庭农场经营规模化、技术优势、市场化高于中西部地区，有的甚至可以与日本家庭农场相媲美；西部地区经营上百亩耕地、草场的农户比比皆是，只是这里的生态条件让家庭农场广种薄收；中部地区广袤的平原似乎更有利于家庭农场发育，但从全国分布看，平原地区的家庭农场发育呈塌陷状态。全国不同地区家庭农户发育的梯次，可能源于本地区先天条件与人口密度，但主要是地区间生产力发展的梯次对农业人口转移的梯次，继而造成不同地区的家庭农场发育水平处于不同的演化阶段，即本地生产力发展水平决定家庭农场发育的程度与规模。但是人文因素对土地流转及其家庭农场演化也是一个重要的因素，只是此类研究欠缺。

在家庭农场地区差异化分布背后，畜牧、谷物、葡萄、水果、蔬菜等形形色色的家庭农场又是如何形成的？家庭农场是在承租户母体中诞生的。在罗山县泗淮村调查发现，纯流转户最大，准承租户次之，自营户再次之，承租户和纯承租户较小，分别为 98.7%、87.1%、79.5%、71.1%、68.1%。通常情况，准流转户以种粮食为主，且仅供自己消费；自营户种粮食或经济作物，以消费为主，兼顾收入；承租户的多元经营有两极分化趋势。深入的调查发现，多数承租户以粮食为主坚持经营规模的横向一体；少数农户以种植、养殖户规模经济为主的同时，坚持经营的纵向一体化，只是比重极小，由此推测家庭农场极可能从承租户演化而来。在罗山县调查发现，承租户经营土地，要么来自直系血缘的家族，要么来自旁系血缘的宗族。因此，在五类农户中，只有自营户与承租户才有向家庭农场演化的诉求。从相关资料看，部分承租户（指种田大户）经营的土地初步具备微型农场的形态，而纯承租户完全按照现代农场理念在经营租赁的农地，只是二者在技术与规模上与西方国家存在差异。例如，豫东地区的"小农场"平均规模不超过 50 亩，其纯收入约 5 万元。在豫南地区，村民组经营土地面积很少超过 30 亩；高道村的微型农场（一家四口，两个劳动力）最大近 50 亩。这说明承租户孕育家庭农场规模受现有的人地、人资匹配的制约，即社会生产力发展水平的制约。总之，在五类农户中，准承租户孕育家庭农场的母体，并且在农村农业类的物质、人力、社会等资本中占有比较优势或绝对优势。当然，家庭农场诞生，也可能源于那些返乡创业的、具有人力资本绝对优势的纯流转户，只是成功的先例较少，这似乎证实家庭农场孕育只能来自承租户。

（六）土地流转呈现中心与外围关系

在其他条件既定的情况下，人情是决定流转户的主要序变量。例如，闽粤的客家人在资源配置时，坚持了家族优选的原则。在河南省粮食主产区，农户能租到土地是一件体面的事情，社会"关系"决定农地承租对象。在泗淮村调查发现，67.6%的农地流转给有直系血缘的农户，12.1%的农地流转给旁系血缘的家庭、14.8%的流转给自己的同族家庭，5.5%的承租户与流转户没有任何血缘关系。当然，也存在例外。在平原地区，耕地被抛荒的概率趋于零，可宅基地抛荒较普遍；在山区或土地贫瘠的地方，耕地与宅基地抛荒比重较高，这说明农地自然形态是决定农地流转进程的一个重要因素。从浉淮村的情况来看，2000年以来，农户在加快对耕地流转的同时，农宅也随农户举家外迁荒芜，农宅荒芜占纯流转户的83.7%。但是，考虑"退宅还林还园"等自发的复垦现象，农宅抛荒较低，即农户对农宅的流转极为谨慎。此外，农户对家庭拥有的河滩、林地、荒山、矿山、水面等自然资源也加入流转行列，只是这些资源流转给谁取决于关系，并具有固化特征。这种演绎格局不仅取决于农户拥有的物质资本、人力资本的多寡，而且取决于农户之间社会资本质量的博弈，只是人们对此很少关注。

基于以上现象，农地流转空间分布呈现四组中心与外围的关系。一是五类农户所占比重呈中心向与外围分布。若城镇为中心、乡村为外围，尽管农地流转模式的空间分布呈现以政府主导型为中心，以农户主导型为外围，以集体主导型散点分布于二者之间。但是五类农户分布也有类似特征：以城镇为中心，流转户、承租户比重向外围依次递减，自营户恰好相反。以罗山县为例。罗山县城中心，纯流转户在全县所占比重（纯流转户/乡村农户）为9.2%~3%；准流转户为32%~11%。二是正式流转契约与非正式流转契约空间分布存在中心与外围的关系。相对于政府型流转契约分布在中心，农户主导型非正式流转契约分布在外围，且正式契约所占比重由中心向外围递减，非正式流转契约恰好递增。远离城市的泗淮村，虽然纯流转户偏好正式流转流转契约，但签订正式流转契约的不足1%，准流转户与准承租户偏好社会化的口头协议，非正式协议、非文字协议占98.1%，自营户对协议无偏好，签约率为零，纯承租户对正式流转契约偏好较强，正式流转契约签约率为68.1%。三是五类农户流转租金市场化度分布也呈现中心与外围的关系。虽然五类农户对流转租金诉求不同，纯流转户偏好货币地租，准流转户、自营户偏好实物地租，承租户对流转租被动接受。例如，实物租以老年家庭与留守家庭为主，劳役租以亲朋为主，而货币租以没有血缘关系的相邻为主。若以城镇为中心，以乡村为外围，在外围以实物租、货币为主，前者依次递减，后者依次递增。与此同时，流转租以城市为中心向乡村递减。四是五类农户获得土地承租权存在中心与外围的递减关系。农户的社会资本的"质与量"决定农户获得土地承租的优先权，那些农村社会资本丰厚的承租户或纯流转户处于中心地位，相反准流转户处于次外围，社会资本匮乏的自营户则处于外围。只有处于中心的农户放弃优先承租权时，次外围的农户才能获得优先承租权，处于外围的自营户很难获得承租权。

四、农户主导型长盛不衰的主要动力源

（一）基本国情将决定农户主导型流转长期存在

1. 人地矛盾长期存在强化农户主导型的主体地位

有一种观点认为，城市经济60多年的发展改变了我国农业发展的人地矛盾，其中，政府主导型土地流转模式的崛起就是佐证，但其崛起恰好是土地流转利益政府化，政府利益部门化，部门利益个人化演绎的结果。事实上，农业发展人地矛盾依旧存在，使农户主导型存在物质基础并没改变。长期以来，农户主导型流转以流转速度慢、比重低、规模小而备受指责，但有证据显示这是人地长期相匹配的结果。截至 2012 年，虽然全国民工 2.6 亿人占农村劳动力的 1/3 强，但农村剩余劳动力（16~60 岁）大约为 4000 万~6000 万，这种决定农地配置必须走适度流转与适度规模经营渐进之路。有研究发现，我国人口未来演化趋势也将决定农户主导型主流地位。虽然中国人口增长在 2025—2030 年达到峰值或接近尾声，并呈倒"U"型趋势，但是劳动参与率将持续下降，人口老龄化到来[①]，并没有改变农业用地供给相对短缺的现状。然而，纵使非农产业发展迅速，并对农村剩余劳力有持续需求，但是农村绝对过剩人口被消化，也至少需要约 15 年。在此期间，若农村劳动力转移比率与人口率保持同步增长，那么绝对人口长期存在将决定农户主导型流转模式是多数农户的首选。然而，在此期间，城市部门进入重工业化后期对剩余劳动力吸纳的能力弱化，可能使农户主导型流转长期锁定于低水平格局。

虽然农村人口的老龄化可能加速农地流转，但要以土地流转使农为老有所养是前提。以河南为例。2013 年河南 60 岁以上老人约 1400 万，占常住人口的 15.7%，10 个河南人中至少就有一个老人。调查发现：超过 6 成的老人担心"基本生活来源"：城市领取退休金的人群大概占 86.8%；农村领取退休金的人群仅占 18.7%[②]，就是拿到养老金的农户每个月也只有 60 元，这种养老现状决定老农养老还是要靠家庭和土地。因此，以自营户或准流转户为主的老农家庭，将被迫选择农户主导型流转模式。在农民"老无所养"或"低水平养老"的制度下，传统家庭养老机制的衰落与破产，民工人到中老年"老来种地"可能是农村人口运行的常态。例如，有的老农到 70 岁还被迫耕作。由于建立在城乡统筹的社会保障制度并非一朝一夕完成，所以民工老而还乡（务农）将长期存在。由此预测，诸多类似河南的欠发达省区，农地流转将长期锁定于农户主导型流转模式。

2. 城镇生产力发展要求农户主导型与之匹配

从全国城市生产力发展进程看，由于不同地区的城镇化速度、农地流转速度存在时空差异，所以城市发展模式决定农村资源转移的路径与方式。一般情况，城市生产力发展以渐进式为主（房地产除外），这就要求和谐的土地流转必须以渐进方式与之对接，否则难以与城乡生产力发展的适度同步。显然，在三种流转模式中，只有农户主导型流转模式才能有效地向城市部门供给粮食、劳动力与土地，而其他模式具有大跃进特征，却难以担当此任。就是在城市经济起飞的今天，政府征地或流转的弊端也显而易见。以河南为例。虽然从 2004 年起河南省工业年均增长速度达到 18%，第一产业河南经济总量不足 10%，但同期就业人口却占全部就业人口的 46.5%。这说明农业依旧在承担就业功能，也意味轻工业没有得到充

① 吕程. 2010—2050 中国劳动力供求趋势研究 [J]. 南京大学学报，2012 (5).
② 王梦婕，杨雪. 农村养老调查：超 6 成老人担心"基本生活来源"来源 [N]. 中国青年报，2013-11-13.

分发展。第二产业却率先进入重工业化，对农业剩余劳力转移吸纳能力弱。例如，2007 年河南重工业在工业中的比重在 50% 以上，而就业人口仅占 26.8%。可见，工业化对农村人口就业转移的拉力弱，难以推动准承租户向纯承租户演化，最终使土地流转打上分散流转、短期流转的烙印。相反，在武汉、北京城镇化高的地区，城镇化快速发展造成本地民工荒，最终诱发本地农业发展染上荷兰病，因而土地快速流转水到渠成。其前提是城市经济能够撬动农村人口就业非农化、定居城镇化与生活市民化，土地流转才能选择激进的政府主导型流转模式。

民工家庭市民化困境锁定农地流转以农户主导型为主。根据陈劲松的研究，城镇生产力发展存在"三个错位"（政府力推的城镇化与农村人口向往的城镇化错位，对经济增长拉力大的城镇化与拉力小的城镇化错位，高成本城镇化与低成本城镇化错位），这就决定城镇化的路径以渐进性为主，并决定了土地流转与人口迁徙匹配。对多数农户而言，农村最有希望在大城市定居的农户，他们多数是在大城市有稳定职业与收入的纯流转户，绝大多数准流转户与自营户因家庭低收入要么选择本地城镇化，要么被排斥之外。据调查，农民工流动人口中有 68% 愿意落户大城市，仅 32% 愿意落户中小城市；小城镇人口与城市人口相比，却从 20 世纪 90 年代初的 27% 下降到 2012 年的 20.7%。[①] 这说明中小城镇实体经济的空心化造就了农民市民化悖论：大城市就业机会多、收入较高，市民化成本高、民工收入低，难市民化；中小城市市民化成本低，就业机会少，工资收入更少，这就强化了民工市民化的候鸟特征，强化了农户选择有利于防范就业风险的农户主导型流转模式。从民工社会分工看，准流转户、自营户，甚至准承租户收入长期锁定于社会分工产业价值链条的低端，进而造成农户主导型流转模式升级产生低水平的稳态效应。事实上，由于他们的就业处于社会分工产业链的价值低端，虽然他们为大城市发展贡献了青春红利，却难以获得高收入提升家庭经济与社会地位，使绝大多数准流转户难升级为纯流转户，自营户长期锁定于小农经营，准承租户难以向家庭农场演化，甚至出现承租户小农化趋势，最终导致农地流转长期处于自发状态，而不是自愿状态；相反，若政府选择激进的土地流转模式，那么农村大量剩余劳力涌向大城市，将诱致贫民窟，又被城市政府斥为"盲流"。面对大城市的高房价、高消费与多数民工的低文化、低收入、低社保的格局，任何理性的农户都可能选择农户主导型，而非其他模式。虽然户籍改革可能推进民工市民化，但户籍改革不以民工家庭减负增收为导向，那么以户籍改革加速农地流转，推动农户主导型流转模式升级的愿望将难以实现。

（二）根深蒂固农本文化要求农户主导型流转模式与之匹配

乡村文化或社会意识对流转模式选择有何影响？一种观点认为，文化对土地配置呈现中性论，因而对流转模式的选择无偏好；另一观点认为，现代文明冲击对乡村文明冲击，将加速小农意识的全面崩溃，最终加速土地流转。然而，中牟

① 王谦. 农民工市民化不等于"农转非"［N］. 中国新闻网，2013-10-19.

县农民以生命保护土地说明，当农户土地权益没有得到有效补偿时，农户优选选择能捍卫自己权益的流转模式。

1. 季风气候造就的小农文化是农户主导型盛行的文化基因

季风性气候对中国农业的影响如同岛国文明一样，也造就东亚人浓厚农本意识。若从太空中看东亚地区，只有中国大多数地区是以黄色为主，地球其他部分是绿色或蓝色，中国生态恶化是千百年来过密人口对生态资源长期过度掠夺的结果。迄今为止，国人还有放火烧山的陋俗，使原本极其脆弱的生态环境雪上加霜。究其原因，中国人对土地财富偏好源于人们津津乐道的舌尖文化，"食色，性也"、多子多福观念。这造就了当今中国社会各阶层根深蒂固的恋土情结。事实上，这种基于东亚特殊气候与森林短缺所诱致的饥饿文化，至今依旧影响人们经济行为。例如，国民对房地产的偏好，让地球人汗颜，甚至"有汉人的地方，房价就要上涨"，而城市居民对房产的偏好就是小农重土意识的延续。深受季风影响的日本、韩国也不例外。虽然他们早已步入发达工业文明之行列，但是国民富裕并没有改变根深蒂固的农本意识。20 世纪 80 年代，日本人在世界各地掀起购房热，这是工业文明与儒家文明结合以家庭或家族土地配置的另一形式。综观五千年的社会史，中国既是农民起义最频繁的国家，也是天灾人祸最频繁的国家；既是一个对生态条件较好而破坏最大地区，也是一个家族拼命繁衍后代的民族，这是特殊的季风气候孕育了偏执的农本文化，从而造就了国民恋土癖，进而造就了农户主导型土地配置与经营模式。综观中国五千年的文明史，其实质是一部自耕农等小土地所有者的兴衰史。就此而言，农户主导的土地配置模式在农业社会关系到王朝的兴衰，而在重工业化社会关系到社会稳定。

国人的农产品安全意识也在强化农户主导型的地位。中国频发的毒食品事件，使农业劳动再次被誉为一种美德。有一种观点认为，那些来自准流转户的民工家庭可能更偏好政府主导型模式，但这种观点受到实践的挑战。例如，一些市民开始在城郊经营一片属于自己的园地，以此给家人提供一份免费的经济福利与健康保险。事实上，那些来自准承租户的新生代民工也存在类似偏好。一是新生代民工认为，其工作地（城市）并没有给他们一个简单的家，一个可以寄托未来发展的空间。二是所有民工家庭的父辈的言传身教告诉他们，落叶总要归根，贸然把土地流转给强势集团，还不如肥水不流外人田，何况土地"流转容易，要回来难"。在河南信阳调查发现，有 81% 的中老年农户，只要他们还有劳动的能力，就不愿意放弃土地经营权；只有 19% 的老年农户表示在自己无力劳动，且子孙后代不愿从事农业生产时，才优先流转给亲朋。三是新生代民工认为，面对全国频发的毒食品、毒蔬菜事件，利用承包地种植自己享用的有机食品，不仅是为家庭的未来买一份保险，而且避免了大权贵资本对土地掠夺式开发。因此，除了纯承租户与纯流转户，其他农户对土地"修身、养性、齐家"的物质及文化需求决定了农户主导型是多数农户的首选，这种抉择源于传统文化的基因在决定着农地自发流转的方向与路径，并长期助推农地流转向家庭农场或家族农场演进。

2. 土地财富观念日益强化农民的守土行为

近三十年来，社会各界对农地权益的争夺，使那些干中学的民工对土地认知日益深刻："政府是最大的地主"。因此，有74%的农村户籍流动人口愿意在城市长期居住但不愿意放弃农村户籍，不愿意"农转非"的主要原因是想保留土地；而想"农转非"的主要原因中子女教育、升学和城市居民的社会保障两项就超过70%。[①] 这一事实说明，土地拍卖的"造富效应"在强化农户审慎流转土地的同时，也日趋强化农户主导型流转模式的主体地位。但是，五类农户对农地资产与财富属性认知存在巨大差异。例如，尽管土地流转对家庭增收影响微乎其微，但纯流转户最早认识土地的价值；准流转户对农地财富的认识是残缺的，而自营户对土地财富认识最模糊，而承租户认为土地属于集体财产，纯流转户认为土地谁占有归谁所有。显然，不同农户对土地经济价值认识的差异，不仅导致农户对土地财富话语权的丧失，从而导致土地被政府或集体草率流转。虽然农地价值包括农业产出价值与发展权交易价值，农户对此认识是残缺的，对其价值的评估仅局限于"农地农用"产出价值。从农民对土地财富的认知成本来看，经验搜寻为第一序列搜寻，认知搜寻为第二序列搜寻，但五类农户认知搜寻成本，纯流转户与纯承租户最低，准流转户与准承租户次之，而自营户最大。因此，多数农户对土地财富认知成本及价值评估的差异，再加上多数农户的从众心理，使土地流转主导权要么让渡给政府，要么让渡给集体，这是政府主导型崛起的社会基础。

应该看到，城市高房价及其土地财富神话也在强化农民地权意识。一方面，民工周期性迁徙降低农村留守人口对土地财富的认知的信息成本，提高了对地方政府征地虚假宣传的辨别能力，最终提高了农户对土地权益捍卫能力，从而成为农户主导型扭转衰落命运；另一方面，尽管向往城市生活的新生代民工可能是土地流转主力军，但他们向往城市生活是一回事，是否流转农地是另一回事。多数新生代民工认为，在一个通货膨胀居高不下的时代，要想在未来致富中获得一席之地，那么可供他选择的任何理财产品，其风险都大于土地，而收益率的稳定性小于土地，因此如其"流转土地"不如"握地待沽"。以此推测，纵使20世纪80年代新生代民工没有落叶归根的乡愁，那么土地财富效应会使其长期遥控土地流转权，确保其控制实现的流转模式恰好是农户主导型。

在当今中国农民在纵向的社会历史转变时期和横向的社会经济结构转型之际，农户对土地意识也处于新旧交替、传统与现代参半的边际状态，表现为一种对土地高价值→低产权→低依赖的过渡性的财富意识。一方面，土地财富意识提高土地效益，强化农民的土地价值观，使之提高了对土地诉求及预期；另一方面，对土地产权不清引发了诸多土地权益纠纷，低文化程度农民不清楚自己的权益所在。因此，经过千百年来演化的生态环境造成了处于周期性饥饿状态恋土文化经营与财富意识，锁定了多数农户对农户主导型的偏好。

---

① 王谦. 农民工市民化不等于"农转非"［N］. 中国新闻网，2013-10-19.

（三）农地发展权交易错位强化农户主导型地位

1. 土地确权梯次性要求农户主导型与之匹配

在不突破现有土地政策与法规的前提下，对农地确权能够促进流转吗？在浙江嘉善、广东南沙、安徽宿州等地的土地流转改革表明，只有突破现有法规流转确权才可能推动土地流转。因此，土地确权只是土地流转的充分条件，其充要条件是土地确权内涵必须与农地流转主体第一利益攸关方（农户）的资源禀赋相匹配。这种匹配与其说确保农户禀赋能在生产要素市场及时地转为非农业经济活动的持续的收入流，不如说，经济发达地区的工业化与城镇化的合力使土地确权与农户资源禀赋错配抵消。即本地生产要素供给缺口的存在使错配的生产要素能获高价的收入流（足以维持家庭市民化支出），使其足以弥补家庭资源错配的机会成本，因而在那里就不必分析不同层次产权束的叠加及错配产生的离心力对土地流转的逆向影响；相反，在土地确权失败的欠发达地区，确权内容以土地流转第二利益攸关者（地方政府）的利益为核心，因而存在流转赋权对象的错配，这种错配导致确权内容（地权制度供给）与农户确权需求的错配，最终导致土地制度与农户禀赋错配的常态化，这种常态化的资源错配因缺少城市经济的推力会造成农地的"逆向流转"，最终导致农户不愿意选择流转风险高的政府主导型模式。

土地确权设计中的两难选择。若对农地确权采用同质化的渐进式确权模式，那么就很难兼顾三大利益主体的诉求，也很难实现农户的资源禀赋与产权及劳务市场的有效配对；若采用差异化的渐进确权模式，那么谁掌控农地确权的话语权，这将对谁产生最有利的地权体系。显然，由地方主导的土地确权存在马太效应，最终导致五类农户地权诉求与农地确权、赋权内容的错位，使农户资源禀赋难以有效转化为持续的要素收入流。尤其是那些被流转的农户（准流转户与自营户），难以获得支撑家庭在城市谋生的持续收入流而被迫中断流转或选择农户主导型。相反，若国家采用一次性的土地确权，那么农地确权能否促进农地整体流转？这要视土地确权终极目标而定，一种方法是回归纯公有制，农民整体变市民，集体土地整体变国有，农业经营回归大农庄集体所有制。此办法的好处是农地一次性流转，实现国土的"同权同价"，整体实现农业规模经营与现代化；缺点是人民公社的历史悲剧可能重演。另一种方法是土地在现有承包制的基础上回归永田制或准私有制。其好处是：农民获得地权的国民待遇，同时赋予土地流转各项权能，这可能造就一个有效的土地交易市场，而五类农户可以完全按照市场化机制配置家庭资源。纯流转户可切割与农地千丝万缕的联系，准流转户可以获得进城发展的第一桶金，自营户可以用土地抵押养老或适当处置获得养老，承租户可因地制宜发展家庭农场，纯承租户可以与时俱进的办企业化农场；国家可以摆脱"三农"困扰，中央可确保粮食安全，地方政府可摆脱征地烦恼。其缺点是：土地财政消失，地方政府必然阻挠，而需要大力解放思想。由于我国现行土地权利制度主要反映土地利用的平面权利和静态权利，未能充分体现土地利用的立体权利和动态权利[①]，所以无论土地确权路径如何，有效的土地流转就是一次性切割地方政府对土地流转寻租，让农户基于自身的利益选择适合家庭与社会发展的良性确权模式。

总之，良性的地权制度的确能够改变人们的预期。从国家对农地确权的历史进程看，我国土地确权的路径总体上向良性的私有产权演进，从而降低土地配置的长期成本。但在短期，土地确权内容对农户土地配置的直接影响呈现中性，却降低农户对土地流转风险的预期，使农地配置克服短期化行为，有利于农户全面配置家庭经济资源，从而家庭获得持续稳定的要素收入流，但对农地流转进程没有任何影响；相反，若地权权益不清，只会强化土地流转错配行为，强化政府主导型流转模式，并抑制农地流转进程，使农地配置长期处于低效率陷阱。此外，有人担心土地确权永佃化会造成土地兼并，并引发农民革命。然而，在一个政治清明的工业社会，农民起义是农业社会长期存在的古老命题，已经被抛进历史的废墟。迄今为止，在现代社会，还没有一个政治清明的国家会因土地自发兼并引起革命的，那里的人民会因地、因时、因势而制宜地配置家庭土地，以谋求过上幸福生活；相反，只有那些政治腐败、司法不公的国家，那里的人民被剥夺了各项土地权益才诱发革命，那里的土地兼并往往是权力、资本与知识长期合流的产物，任何形式的土地确权与流转对农业发展、社会进步将变得无效。

2. 土地流转权益的分割要求与农户主导型与之匹配

确权土地实质是土地利益之争。我国农地产权结构以承包权为核心，承包权既不同于用益权，也不同于地权，它是具有一定的"所有"性质的发展权，因农地流转而衍生的其他权利都是对其分割生成。这种产权分割随着经济社会的发展，造成农地所有权向国家集中，农地发展权呈现单边流动，因而形成了有中国特色的承包权估值体系和发展权转移"模拟价格"。农地不完善产权制度给农地流转寻租以极大的想象空间，使土地流转价值分割造成原居民利益受损的格局。事实上，政府"垄断高价卖地、低补偿流转"对五类农户的影响不同：纯流转户有流转的能力，却无流转给政府的意愿；准流转户、自营户有流转意愿，却没有流转后获得持续收入流的"可行性能力"；准承租户有承租土地意愿与能力，却无法获得流转土地的承租权；城市工商资本要获得流转土地发展权的能力，却需要政府的权力寻租为其服务。

以成渝土地流转"地票"制为例。被一些部门官员以及专家的推崇成渝流转模式，据说农民获得80%~90%的流转收益，我们是否就此推测它的普适性？这就需要分析五类农户的需求。其实，成渝模式成功的原因如下：在宏观上，是以城市部门能有效吸纳农村转移劳动力，并为其提供全面的社会保障为前提；在微观上，是以农户拥有资源禀赋与城市就业机会匹配为前提。但是，城市资本依托行政力量得以整体流转农地，使准流转户、自营户与部分承租户一夜之间沦为纯流

---

① 刘国臻，陈冰年. 论土地权利发展的三大轨迹及其启示 [J]. 学术研究，2013 (2).

转户。那么，这种外因引致的农地流转是否和谐？主要靠流转户资源禀赋与非农就业机会是否匹配，以及这种匹配是否能形成持续有效的收入流。对主动流转的纯流转户而言，家庭资源禀赋与其面临的非农业就业机会是完全匹配的，家庭得到的非农业收入流能够有效支撑家庭在城市的生存与发展；相反，被流转的农户拥有的家庭禀赋与家庭面临的非农业就业机会未必存在稳定匹配，农户获得非农收入流难难以支撑家庭被城市化的支出，因而要求政府给予慷慨的福利收入流或者要求土地流转获得足够高的收入流，否则，"被流转"农户被迫要回土地务农。

从宏观看，这种农地发展权整体流转在全国推而广之，却面临一个由质变到量变的合成谬论，即农地流转整体规模达到一定临界点时，城市部门提供的就业机会将无力吸收大量失去土地的新市民。这时城市劳务市场基本格局是，那些脱胎于自营户、准流转户、部分准承租户的新市民将与城市非正式部门的劳工相互竞争。其结果是民工工资下降与就业机会的碎片化。若这种趋势长期化并与城市商业周期产生共振，那么这种共振将衍生两种结果：要么是被流转户普遍要求提高流转租金以便在城市苟且偷生，要么是农民要求收回土地还乡务农。若前种诉求得以兑现，则政府主导的农地发展权转移存在政府与资本的博弈；若后者诉求得以兑现，那么农地发展权的转移再次回到农户主导型模式。若两种诉求难以实现，那么农民对土地发展权的二次索取将演化为中央对地方的流转行为买单；否则农户对土地发展权的索求可能由和平抗议转化为暴力诉求，即二次土地革命。就此而言，任何政府主导的农地发展权转移改革都违背了人地匹配原则，只具有示范效应，而没有推广效应，这也是农户主导型存在的物质基础，也是我们反对政府主导型流转模式推而广之的逻辑基础。

既然政府主导的农地发展权转移流转模式违背农户资源禀赋与收入流匹配原则，那么农户主导型是否遵循了这种原则？虽然政府主导型平均租金高于农户主导型，且有不断上涨趋势，但多数农户选择低租金的农户主导型流转模式。其原因是农户主导型能有效防范家庭生存风险，掌控农地未来升值的财富分配权。由于同量资本投入农业的收益率要低于工商业，同样土地用于农业收益率要低于用于工商业部门，因而，有人认为农地价值低于城市土地价值。然而，在我国工业化发展初期，牺牲农业及农民利益来推动城市发展，压低土地价格，降低工业生产成本在特殊历史时期是合理的，但随着经济的发展，土地资源已日益稀缺，这种资源配置将不利于耕地保护。基于农用地功能具有多样性，所以农地价值应当是对土地的经济、社会、生态价值的综合反映，而在我国现在的征地补偿的标准是根据过去三年农业年均产值的30倍数确定的。这样的征地补偿，只考虑农地经济价值，既没有参考市场价格和考虑农地征用后的土地增值，也忽视农地生态价值、社会价值。此类定价机制由于确权农民参与，对土地增值的定价方法显然低估了农地的真实价值。这样不仅损害了农民利益，而且导致农地价值流失与闲置土地，使农户选择农户主导型的流转模式。

五、农户主导型演化的基本趋势与农地流转格局

农户主导型未来演化，不仅取决于那些有利变量的演化，还取决于那些不利变量的演绎；不仅取决于有利变量的时效性，而且取决于不利变量的时效性；不仅取决于有利变量的贡献率大小及衰变，而且取决于不利变量的贡献率及衰变。农户主导型是采用突变或渐进、协商或暴力、共生或共亡的流转路径，虽然这取决于农户基于自身利益的偏好，但更多取决于政府对农地的诉求。因而不但要分析农户主导型的演化趋势，还要分析政府、集体主导型的演化动力对农户主导型的影响。

（一）农户主导型有利变量与不利因素

如前所述，农户主导型得以兴起有利变量有以下七个：一是农地产权日益明晰化强化农户对土地产权的意识；二是农户主导型成长的法制环境日臻完善；三是民工市民化一波三折要求捍卫农地的各项权益；四是农民增收趋势与力度难以撬动农地大规模流转；五是农地价格升值预期强化农户主导型模式的主体地位；六是根深蒂固的乡村饥饿文化强化农民对土地财富的偏好；七是人口演化趋势强化农户主导型的水平效应。因此，人地匹配的基本国情、城市生产力产业链布局、根深蒂固的农本文化、土地确权与农户需求的错位、利益均沾土地增值分割机制、对国家生态文明与粮食安全的贡献等因素决定了其存在的宏观基础；农户主导型对新生产方式创新、对适度规模经济诉求、对现代农业技术苛求与现代市场经济兼容是其存在的微观基础。这些长期与短期、宏观与微观、局部与整体的长期协同发展形成的合力，至今依旧是决定农户主导型演化的主导力量，决定了其在农地配置中的主宰地位。无论该模式在运行的经济形态上存在何种差异，但都始终坚持了农户拥有的资源禀赋与其环境相匹配的基本原则，从而确保了农户利用微观资源占优匹配来寻求宏观制度不确定下的短期收入流的最大化，寻求家庭长期幸福流最大化下的土地配置的次优化，这种理念与趋势决定了农户对土地配置有流转、自营、抛荒三种抉择。这种抉择是农户对演化的既定环境做出适应性演化的结果，是源于农户自身的力量做出自由的抉择，其成败全责自负。但是，政府主导型面临的民工收入弱化效应、城镇化拐点出现、国家治理规范化、政府扶持的难以为继、农户对其偏好弱化与集体主导型流转与经营模式的固有弊端等因素，是其面临长期不利因素，最终制约政府、集体主导型流转模式的扩张。农户主导型演化适应性动力决定其主导地位。

农户主导型面临的不利因素：一是是民工异地城镇化、农地确权削弱纯农户对其偏好；二是城乡社保一体化改革削弱准流转户对其偏好；三是土地资源市场化与农村社会资本弱化也抑制农户主导型扩张；四是政府主导型兴起因素也是其面临不利因素。主要包括：①源于政府部门对自然资源配置的中心与外围的行政机制；②地方对中央土地流转政策肆意解读引致的突变；③地方财政长期赤字诱致土地财政；④城镇部门对土地需求存在巨大的供给缺口；⑤政府垄断土地市场，

土地非农化流转长期阻塞。这些因素对农地需求形成体制拉力、政策张力、垄断市场推力、缺口拉力、土地财政推力等因素形成政府主导型崛起的强向心力，使其中短期崛起。这些因素与政府主导型兴起的因素结合在一起，形成的离心力将在短期加速其衰落。

（二）农户主导型未来演化趋势

在没有政府干预条件下（2005 年前中国农地就是如此），土地流转表现为农户主导型大一统格局。纵使存在政府、集体主导型与之博弈的地区性个案，但集体主导型依附于政府，这决定它处于休眠状态，而政府主导型被控制在城市内部。纵使农村出现此类博弈，也只是农村土豪家族与集体组织的博弈，以便从集体组织中豪夺优质的自然资源，企求获得家庭收入的最大化。二者最终演绎成"合二为一"的混合模式，"集体的就是家族的，家族的就是集体的"，而普通农民家族很少有能力与资源参与博弈。同时，现有的乡村治理模式下，缺少监管与治理农村集体组织，可能是它资源配置的弊端较小、但农民对其体会最深，因而对农民蛊惑性最小，难以形成气候。因此，形成"大一统、一元化"流转格局。但是，农户主导的大一统流转格局，说明农户主导型并非处于稳态水平，而是处于激烈的竞争状况。主要表现为拥有不同资产或资本的五类农户的竞争，主要是自营户与承租户及其同类之间的竞争，其实质是农户之间资本力量的博弈。

在政府参与农地流转的条件下，政府主导型兴起、集体主导型复苏对农户主导型未来演化及中国土地流转格局有何影响？中国土地配置的未来格局是"三种模式，三分天下"，还是演化为"一种模式，独霸天下"？这就需要分析三种模式博弈力量强弱及动因的演化趋势形成的合力。

对影响三种模式流转因素归纳发现：①社会对土地财富的私有意识复兴超过对共有意识偏好，并日益成为社会主义初级阶段的主流社会意识，这种财富意识的长期共存对农户主导型是有利于长期变量，对其他模式弱变量。②现有土地产权对农地所有权虚化对农户主导型具有弱流转效应，对其他模式有强促进效应；但是，近三十年的对农地承包权的确权有永佃化、承包权、明晰化趋势，对农户主导型短期是不利变量，长期是有利变量，对其他模式相反。③土地流转中，各级政府职能越位与缺位对农户主导型是短期不利变量，对其他是有利变量，但是随着农民维权意识觉醒与中央对涉农法律制度（城乡统筹的基本社保、基本医疗）的构建、修改、完善，政府服务职能的回归，对农户主导型是长期有利变量，有利于其他模式的及时淡出。④土地财政对农户主导型是短期不利序变量，对其他模式是有利变量，随着国家税制的日益完善，尤其是房产税开征、财政均衡落实，新一轮财政改革将利于农户主导型模式，而不利其他模式。⑤农业部门存在的人地矛盾、人地资源匹配与农业劳动力长期过剩的基本国情，有利于农户主导型不利于其他模式。⑥城市部门对农村三种资源需求是三种模式得以存在的基础，但是民工就业大城市化快于中小城镇化演化格局，对农户主导型是不利变量，对其他模式是有利变量；若城市化模式与产业升级停滞不变，那么农户主导型将锁定于低水平流转，其他模式长期存在。⑦农民增收决定土地流转及流转模式选择序变量。在以上影响农户流转土地的变量中，对农户收入的影响分为三类，即强化、弱化与中性，因而对农户有增收效应、弱化效应与中性效应。若三种效应源于不同资源禀赋彼此匹配形成的合力，这种合力使农民增收值达到一定拐点（家庭市民化拐点），在此之前，土地流转以农户主导型为主；在此之后，农户对三种模式的偏好呈现中性。这是因为在遥远的未来，不同类型的农户对三种模式流转租金收入弹性会发生变化，这种演化的收入弹性效应与乡村文明衰落效应对新一代农民的土地意识会产生何种影响，现在还没有可靠的数据或资料给予支撑。

六、结语：未来十五年的流转格局

党的十八届三中全会提出"在符合规划和用途管制的前提下，允许农村集体经营性建设用地出让、租赁、入股，实行与国有土地同等入市、同权同价"；建立城乡统一的用地市场，"建立兼顾国家、集体、个人的土地增值收益分配机制，合理提高个人收益"。那么三类土地增值受益如何分配？农民应获得土地增值中的农地发展权收益，政府应获得市地发展权收益，开发商应获得土地投资收益。农民约占25%~30%，开发商约占15%~20%，政府约占50%~55%。① 这种笼统的三马分肥的做法，耕地被征后投资者和地方政府拿大头，村级组织留下两三成，农民补偿不到10%。农民土地被征获得的货币补贴，按照最高30倍的标准，以一亩农地每年产出2000元计，最高也不过6万元，政府一旦转让每亩在县城也20万元以上②。显然，这不利于捍卫农民整体权益。对集体土地"农转非"的改革有两种思路：一是缩小征地范围，让农民可以流转自己的部分集体建设用地；二是提高农民土地收益的比例。让部分集体土地向自由流转方向演化，扩大农户主导型流转标的的流转边界。具体做法是：归集体所有的集体建设用地，可以采用"四马分肥"的方式，投资者、地方政府、集体组织与农户按照贡献率分配。对农民世代使用的宅基地使用权流转，其收益完全归农户所有，增值收益扣除五金后超过个人所得税的起征点的，按人头缴纳个人所得税。考虑到耕地流转养老与就业职能，耕地农用的租金完全归农户所用；耕地发展权更替，转化为建设用地增值部分，归集体、地方政府与农户均分，个人收入达到起征点的也要缴纳所得税。可以想象，在没有资本下乡条件或资本下乡非常规范的条件下，农户主导型至少在未来的5~10年依旧是受农民欢迎的、最优的主流模式。但是，在经济发展水平不同、流转目的不同、流转主体不同地区，农户主导型流转模式在各地所占比重有所不同。我们认为，在粮食主导区，一是农户不能获得土地价值的独占权，民工家庭难以获得市民化的第一桶金；二是中国政府对农业的补贴没有美国高，让多数农户不敢轻易放弃对农地承包权的控制权；三是农户拥有物质资本、人力资本与社

① 朱一中. 农地非农化过程中的土地增值收益分配研究 [J]. 经济地理, 2010 (10).
② 吴敬琏. 几十年地方造成获利30万亿元 [N]. 信息时报, 2013-03-25.

会资本的路径残缺，在短期内又难以优化组合，更难以形成对农户非农增收的乘数效应。基于以上分析，农户主导型依旧是主宰模式；对林地、四荒地流转、城市周边地区、因城市工商资本介入而衰落。因此，在一些土地升值潜力大的地区，农户主导型在未来五年可能处于弱势，但农户主导型在乡村乃至全国依旧属于主导地位，土地流转格局将成为三种模式三分天下的流转格局。至于未来的 10~20年，农地流转格局依旧是农户主导型流转模式。因此，10 年后，三种流转模式只有经营绩效之别，没有配置效率差异，土地流转的步伐肯定因老一代民工与农民消亡而加快，但新一代民工因权利意识觉醒与传统社会习俗的影响，将使农户主导型可能打上家族制的烙印。至于 20 年后，随着服务型政府的构建与公民意识的全面觉醒，政府与集体主导型将完全退出历史舞台，农户主导型将被以家庭农场为基础的流转模式取而代之地。

参考文献：

[1] 王景新. 影响农村基本经营制度稳定倾向问题及建议 [J]. 西北农林科技大学学报：社科版，2013 (5).

[2] 于传岗. 农村集体土地流转演化趋势分析[J]. 西北农林科技大学学报：社科版，2013 (5).

[3] 埃莉诺·奥斯特罗姆. 公共事物的治理之道：集体行动制度的演进 [M]. 上海：上海三联书店，2000.

[4] 于传岗. 农业现代化进程中农村土地流转综合改革的新思维 [J]. 农业经济，2009 (1).

[5] ZhangWenfang and Makeham, Jack. Recent developments in the market for rural land use in China [J]. Land Economics, 1992 (68)：2.

(2012—2013) 光华财税年刊
Annals of China Public Finance

论宋代广西地区的物资转输

——以行政区划为视角

▌ 张 勇*

内容提要：宋代广西地区的物资转输和行政区划相结合，形成宋代该地的物资转输地理。北宋时期，物资转输以具有同一条运路或者同一个配送地，形成黔水区、郁江区、浔江区和漓水区四个物资转输区域，三个区域以漓水区、全、永州和真州为转般枢纽将物资送达京师。南宋时期，广西地区未遭受战争创伤，原有的物资转输区域没有发生大的改变，四个区域均独自送达鄂州。这种物资转输地理的变化揭示的是宋代物资转输体制的全面改变。

关键词：宋代广西地区 物资转输 行政区划 运路 配送地 物资转输体制

宋代的物资转输，规模非常宏大，是财政史研究的一个重要对象，前人研究这一时期物资转输的成果很多，不过多集中于东南地区。

现在研究物资转输基本还是将物资转输视为具有线性特征的对象，集中探讨物资转输（主要是漕运）这个总体。当然还有针对和物资转输紧密相连的机构之研究（如发运司，比如押运漕船的兵稍、军大将等）以及就具体区域来考察梳理其物资转输。若要将物

---

* 张勇，衢州学院中国哲学与文化研究中心助理研究员、武汉大学历史学博士。

资转输的研究推向深入，不另选角度则难以达到这一目的。如果我们将物资转输和行政区划相结合，找出宋朝实施物资转输的府、州、军、监的共性，即运路或者配送地，之后因这些共有要素形成若干个物资转输区域。考察这些物资转输区域之间的关系，则应属于从另一角度对物资转输进行的研究。很明显，我们以府、州、州级军为基本行政单元来确定物资转输区域。

中国是个幅员广大的国家，不同的地方各具特色，要探讨全国的物资转输，不从区域史的视角出发则难以把握。因此，我们选择具有一定价值的区域来实施这一考察过程。宋代广西地区也是实施物资转输的地区，前人研究中涉及广西地区的并不算很丰富。宋代广西地区大体包括今天的广西壮族自治区和海南省，还有广东省的一部分。北宋时期，广西地区物资基本转输京师。到了南宋，广西地区已经成为荆湖战区物资来源地之一。为确保南宋中部之稳固，广西地区的物资转输起到了应有的作用。

据谭其骧先生的《中国历史地图集》，广西地区境内有四条大河，分别是漓水、浔江、郁江、融水。并且水运在广西的物资转输中占有非常重要的位置，如广西地区每年军粮物资都输送鄂州。因此，我们的研究选择以水运为主。同时我们的研究选择以地方转输中央为主导方向。

一、北宋广西地区物资转输地理

言及宋代的广西漕运，其物资外输主要依托灵渠。广南西路在宋代属于边疆地区，特别是蒙元实施"斡腹"策略后，广西变得更加重要起来。

宋代的广西地区，大部分时间内未经战火侵袭，所以物资转输方式没有重大的改变。但是放在全国视野来看，还是有自己的特色。

从广西河道来看，广西除了灵渠并无其他河道与中原相接，因此灵渠乃是这一时期广西物资外运的主要通道，且其距离广南西路转运司治所桂州最为接近。因此历朝历代对其较为重视，多次开挖河道，重于疏导，除了特殊情形下运输粮食入广南外，还开通经常性漕运。《宋史》载："广西水：灵渠源即离水，在桂州兴安县之北，经县郭而南。其初乃秦史禄所凿，以下兵于南越者。至汉，归义侯严出零陵离水，即此渠也；马伏波南征之师，饟道亦出于此。唐宝历初，观察使李渤立斗门以通漕舟。宋初，计使边翊始修之。嘉祐四年，提刑李师中领河渠事重辟，发近县夫千四百人，作三十四日，乃成。"① 不过，广西和当时宋朝其他地区相比，转输物资数量并不算大，且主要以粮食和上供钱为主。"盖缘自远州用小船般运至桂州后，合成纲运，逐次别差纲官、舟船、人丁，牵驾艰阻，动乃数日，方得至全、永州交纳。彼中又别差人船，至过重湖、江淮，方得到京。"②广西地区自用财赋中盐榷的官鬻是地方上重要的来源，广西盐极少输往东南六路使用，

---

① 《宋史》卷九七，第2417页。
② 《会要》食货三七之一一，第5453页。

多数集中于广西自用①。这样，使得广西漕运基本注重于粮食和上供钱②。

　　宋代广西的水上运路基本取决于广西的水道，广西水道以浔江为主导，浔江一路向西，沿途先后接纳了漓水、黔水、郁水等大型河流。如宋人李曾伯在描述广西水道的时候说：从广西运路来看，"惟西江如融、柳、象、浔、藤等州，皆在次江之滨，直透南海，于此用人船上下络绎其间，则可以遏其锋。更于融、柳二州辍一监司，任其责象浔之间……兼广西江道不一，所谓邕、柳、象、浔、藤等州非止一江，盖在右江水至邕而会，下而经横州、贵州至浔州，则又添宜、融、柳、象一江出焉，其融之牂江、宜之龙江皆至柳而会，柳之下一江，由杞诸蛮而出，所谓都泥江者，至象州境，合柳江而出，浔江与邕江合，始至藤州，而藤又有北流一水出焉，与静江之漓水向昭州而下，皆至梧州，凡众谁皆会于梧，然后合而出广东封州界……"③

　　以上史料将广西的水道进行了比较详细的描述，基本可概述广西的物资转输水上运路状况。柳州、象州皆经过黔水运输物资进入浔江，横州、贵州皆通过郁水进入浔江。浔州、藤州、梧州运输物资皆通过浔江。物资到达梧州，转而向北进入漓水，沿途经过昭州、桂州。至于邕州、融州、宜州、观州等皆是羁縻州，故而不承担物资上供，均以朝贡的方式来换取朝廷赐予的经济利益。因运路的不同，故而广西境内存在若干个物资转输区域，横州、贵州皆通过郁江运输，因此这两州可归入同一个物资转输区域，不妨为之命名郁江区。柳州、象州、宾州亦可因拥有共同的物资转输运路而归入同一个物资转输区域，我们亦可命名之为黔水区。当然，流过浔江的浔州、藤州、梧州上供物资都要经过浔江而已。故而，我们将这三州归入一个物资转输区域内也是可行的，可名之浔江区。前述两区域的物资均要经过浔江区，只是不在浔江区下卸。浔江到达梧州，接纳了另外一条广西境内的大型支流——漓水。漓水沿岸是昭州和桂州；同理，我们可以划定第四个大区域，可命名为漓水区。至于其他上供物资的州军，如沿海的容州、高州、化州、郁州、钦州、廉州、雷州，还有海南岛上的州军由于不在前述诸运路上，故可从此物资转输区域内分划出去。之所以出现这样大量的州军被从物资转输区域分割出去，是因为广西本是沿边地区，并非宋朝最主要的上供地区，且不少地区都是少数民族居住地，宋朝对之实施羁縻政策，并不把它们视作国家主要的物资来源地。

---

　　① 梁庚尧先生认为宋代广西盐基本集中于广西自用，对于国家和地方财计来说，依然有其值得重视之处。

　　② 广西除了负担物资的外运外，遇到紧急事务，宋朝还从湖南等地运输物资通过灵渠抵达广西，如镇压侬智高、防备蒙元进攻广西的战斗等。从宋代广西漕运整个时期来看，这种事务并不具有长期性，因此就难说因之而来的物资转输地理是稳固和长期的，因之提出物资转输地理的史学价值就非常有限。

　　③ （宋）李曾伯：《可斋续稿》后卷九《回庚递宣谕奏》，第763~764页。

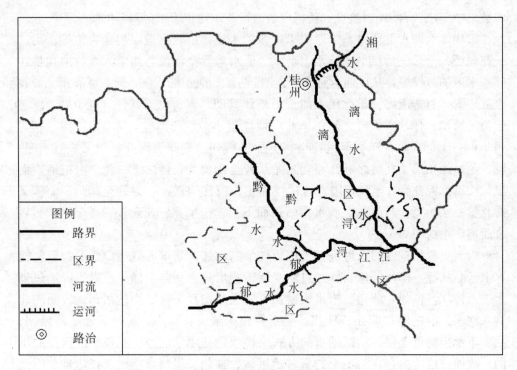

图1　北宋广西地区物资转输地理

绘制本图时，考虑到广西地区的西部有不少州属于羁縻州，基本被划入不需上供的地区，故而，不将这部分州在图上予以表示，如观州、宜州、邕州。加之南部一部分州军，如海南岛上的州军、钦州、郁林州、廉州、容州、高州、化州、雷州都没有和这一水系相连的水道，并不属于这一水系。故而，以上诸州军皆不图示。图2同理。

二、南宋广西地区物资转输地理

南宋肇造，立国江左，广西地区由于距离中原较远，不曾受战争直接影响，它的物资转输地理没有太多变化。只是因为河道淤塞，政府为确保漕运，实施清淤疏通工作：

绍兴二十九年，臣僚言：广西旧有灵渠，抵接全州大江，其渠近百余里，自静江府经灵川、兴安两县。昔年并令两知县系衔'兼管灵渠'，遇埋塞以时疏导，秩满无阙，例减举员。兵兴以来，县道苟且，不加之意；吏部差注，亦不复系衔，渠日浅涩，不胜重载。乞令广西转运司措置修复，俾通漕运，仍俾两邑今系衔兼管，务要修治。从之。①

和北宋时期相比较，南宋时期的广西地区若干州管辖区划产生了一些变化，如宜州合并了观州。河流名称在南宋发生了若干变化，如郁水改称郁江，漓水改称桂江，黔水改称黔江。因而各个物资转输区域范围在基本不变的情况下，名称

---

① 《宋史》卷九七，第2417页。

也一并改动。如郁水区改为郁江区，漓水区改为桂江区，黔水区改为黔江区。其他区域名称不予变动。不过总体来说，这种行政区划上的变化并不算大。因河道并无太大变化，我们就下结论说广西地区的物资转输地理在两宋也无太大变化，这样就显得太过武断了。实际上，变化并不在广西地区内部，而在于整体变化。这将在下文再述。当然，广西米并非经常用于军用，也曾有记载湖南发生灾害，运上供广西米赈灾湖南之事①。

北宋时期，广西的物资在桂林经过合并纲运，输送到真州下卸，"转般之法，寓平籴之意。江、湖有米，可籴于真；两浙有米，可籴于扬；宿、亳有麦，可籴于泗"②。因此，我们可以因真州转般仓的存在而将此视作一个枢纽区，尽管由于广西地区输送进京道里遥远，政府不得不在运路上设置若干转般区域，以减缓这种因路途遥远而可能会产生的种种意外③。当然，广西上供物资也并非源源不断，有时候因不岁稔而窘迫，"广西漕司见运邕、宜、融、钦、柳粮，运动数十里，已窘于应办"④。但是即便如此，广西运输物资进京依旧还是太过遥远。有时候因广西发生特殊情况，政府也不得不从外地运输物资进入广西，"尝请郴、桂州，灵渠通漕湘江，军兴转粟可十倍"⑤。到南宋时也偶尔为之⑥，但这毕竟不是主体，只可视为一种特例。南宋时期的广西物资输纳出了广西之后不再送达真州。"（绍兴）七年（1137）十月十七日，诏薛弼、霍蠡总领措置五路应干财赋，仍常留一员在鄂州本司拘催本军合得钱粮，应副支用。以中书门下省言：'霍蠡总领岳飞军钱粮，二广、荆湖、江西五路钱物浩瀚，恐有失陷留滞，合差官措置拘催。'故有是命。"⑦"今若措置人船防拓置之于柳、象，则止能备宜、融、蛮江而不能备邕江，须置之浔、藤则可……如梧州乃二广襟喉之会，米盐运载之所必由司存，亦见委官在彼，分司催促……但融、柳、浔、象四州，以地里言之，柳则居邕、宜、融三郡陆路之会，象则乃静江至邕州旧来取马之路……广西监司惟一宪仓方籍之以为闉贰，且其司存财赋亦立日惟奉行总所催促纲解。"⑧广西和籴米也外运至湖北，"广米自灵渠出，稍稍收成廪，纷纷出著鞭，起于衡岳趾，环厥洞庭舷，湖北疆参

---

① （宋）李心传：《建炎以来系年要录》卷一○一，绍兴六年五月戊辰条，第395页。
② 《宋史》卷一七五《食货上三》，第4259页。这条史料没有提到楚州接收的是来自何地的米麦，陈峰认为接收的是淮东的上供物。
③ 政府又在全州和永州设置转般设施，这样做可减少因路途遥远的风险，最大限度确保物资安全。《会要》食货三七之一一，第5453页。
④ （宋）李曾伯：《可斋续稿》后卷九《以湘帅申押回飞虎统领程俊及分界运米二事》，1179册，第768页。
⑤ （宋）黄庭坚：《豫章黄先生文集》卷第二十二《东上合门使康州团练使知顺州陶君墓志铭》，四部丛刊本。
⑥ （宋）李曾伯：《可斋续稿》后卷六，《回奏两次宣谕》，第677页。《可斋杂稿》，四库全书本，1179册，《奏湖南运司合支水脚》，第388页、《潭州趱剩米拨充修城并广西军券食奏》第646页。
⑦ 《宋会要辑稿》职官四一之四五，第3189页。
⑧ （宋）李曾伯：《可斋续稿》后卷九《回庚递宣谕奏》，第763~764页。

错"①。可见，广西军粮物资应该是转输至鄂州交卸。不但如此，广西的榷盐钱也应付鄂州大军②。

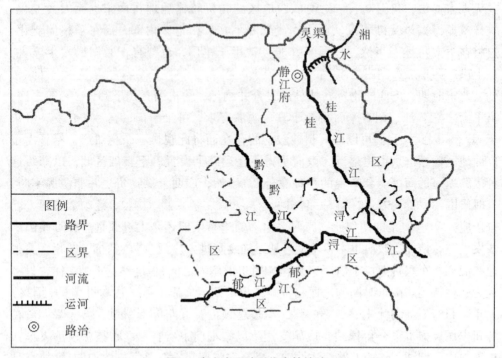

图2 南宋广西地区物资转输地理

三、宋代广西地区物资转输地理结构的改变

北宋时期广西地区的若干物资转输区域先后通过水道运达桂州，集中重组，然后组织纲运通过灵渠北运到全、永州，之后再运到真州。这样，与行政区划相结合，形成一种物资转输地理结构。真、扬、楚、泗州都具有转输功能，而且都是相邻州，本来都可以组成为一个整体，只是这四州也分别接纳不同来源地的物资，来源于广西的物资基本送纳真州，然后在真州实施转输，最终送抵京师。这样，我们可以把全州、永州和真州分别视为一个独立的转输枢纽，单独成区。因此就有如下物资转输地理结构：

之所以出现这样的物资转输地理结构，是因为广西地区距离京师太过遥远，物资尚未送达京师，就很可能遇到气候、损坏等原因而导致短少。

南宋时期，广西成为荆湖战区的物资来源地③，诸多物资皆通过漕运运输至鄂

---

① （宋）王阮：《义丰集》第一卷《代胡仓进圣德惠民诗一首》，四库全书本，第1154册，第541页。
② （宋）周去非著，杨武泉校注，1999：《岭外代答校注》，（北京）中华书局，183页。
③ 湖广总领所的财赋来源是广南东西路、荆湖南北路、江南西路、京西路共六路。这一点，《舆地纪胜》卷六六已经说得很清楚，雷家圣、内河久平也都持此观点。从东南六路来看，荆湖南北路和江南西路是包括在东南六路内的。

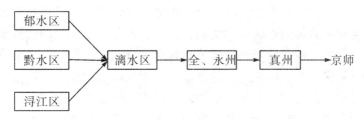

图3　北宋广西地区物资转输地理结构

州下卸。和北宋时代不同的是,转输枢纽彻底消失,以物资提供地和配送地直接对应,虽然广西成为荆湖战区物资提供地,但是整个荆湖战区的物资主要还是依靠荆湖南路和江南西路两个路分,京西南路由于太接近国界,遭受战争影响比其他路分都要更直接,故而没办法成为稳定提供物资的重要路分,荆湖北路虽然比京西南路要好一些,但是和前述两个路分依然不可比。至于广南西路,由于路途遥远,且是宋朝开发较晚的地方,又位居宋朝边疆区,故而在荆湖战区物资提供地中并不占最主要位置。

　　因此,就广西各个物资转输区域和鄂州的关系,有如图4所示的物资转输地理结构。

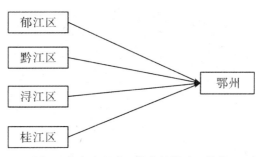

图4　南宋广西地区物资转输地理结构

四、探讨

　　宋代广西地区物资转输地理演变的原因是什么?按理说,广西地区的物资转输在宋代并没有受到战争直接影响,不会像淮南、荆湖、四川那样发生比较大的变化,但是广西的物资转输地理依然不是如我们所想象那样,两宋广西的物资转输地理变化已是巨大。战争虽然没有让广西遭受直接影响,但是间接影响依然存在着。从广西本区来看,各个物资转输区域并无大的变化,但是由于整个国家格局的变化,对于物资提供地来说,不可能不受到影响。北宋时代,广西地区的物资全部转输京师,地方上有承担运输之责,而又因为路途遥远,为确保物资大部分能够平安抵达京师,朝廷在道途各地每隔一定距离就设置若干类似于淮南转般仓的设施。这样可以降低运输风险。

　　朝廷在中央设立三司来管理物资的转输,元丰后权归户部。在地方上,如在淮南真、扬、楚、泗四个州创立转般仓，在楚州和泗州设置发运司来协调物资转运，派驻发运使来监督物资转输的实施，以调控地方的物资。因而形成具有枢纽功能的真泗运河区。各大物资转输区域直接对应真泗运河区。这也形成了从中央到地方的一条紧密连线。从中央到地方是一个相互联系的体系。这就形成了发运司体制。到了南宋，为应对直面而来的北方民族军事压力，南宋政府一改北宋时期设置发运司负责物资转输的办法，在地方上设立若干总领所，每个总领所分管一部分地区。这样就形成了每个总领所分管一部分地区的局面。这些总领所之间是处于平行的地位，都对中央负责，总领所体制形成。从广西来看，过去物资需要送达京师，南宋时，只需送达鄂州即可，因此路途较北宋更近，枢纽区域的彻底消失，这两种物资转输地理结构的转变即是宋代物资转输体制在地理上的反映。

税收遵从研究文献综述

■ 张光廷　李建军[*]

　　内容提要： 税收遵从是税收征管的重要方面，国内外关于税收遵从的研究很多，本文主要从税收遵从的内容及度量、税收遵从成本和税收遵从度的影响因素与对策三个方面对国内外税收遵从研究的文献进行一个综述，在此基础上指出了目前该领域研究存在的不足，以及深化研究的方向。

　　关键词： 税收遵从度　税收遵从成本　影响因素

　　税收征管是税务机关的基本职责，也是保障税法实施、税收职能实现的基本途径。纳税人的税收遵从度直接影响税收征管的成本和效率，也关乎税收法定主义的实现和税收经济社会职能的有效发挥。故而，研究税收遵从具有重要的现实价值，税收遵从问题成为公共经济学研究经久不衰的重要议题之一。1972 年，Allingham 和 Sandmo 基于预期效用理论建立 A-S 模型研究个人所得税的遵从行为，成为现代税收遵从研究开创。此后，国内外学者纷纷致力于税收遵从的研究，税收遵从的理论和实证研究迅速发展。关于税收遵

　　* 张光廷，西南财经大学财政税务学院硕士研究生；李建军，西南财经大学财政税务学院副教授、硕士生导师。

从的研究很多，涉及的内容也很广泛。本文主要从税收遵从的内涵和度量、税收遵从成本、税收遵从的影响因素三个方面对税收遵从研究进行一个简单的梳理。

一、税收遵从的界定及度量

关于税收遵从的界定，学术界存在一些分歧，李林木（2005）认为税收遵从就是指纳税遵从，税务机关和税务人员违反税法的不遵从行为通常称为"税务腐败"。刘东洲（2008）则认为税收征纳是征税主体和纳税主体两方面相互作用的过程，因此税收遵从还应包括征收机关的征税遵从。杨得前（2009）将税收遵从分为强制税收遵从和自愿税收遵从，强制性税收遵从主要源于威慑因素，而自愿税收遵从则主要源于纳税人对政府（税务机关）的信任、社会诚信体系及文化传统道德的影响。

在税收管理理论和实践中，如何衡量税收遵从度是一个十分重要的问题。税务机关为了高效地配置征管资源以达到最大的产出，总是要将纳税人合理地识别和区分为税收遵从度较高、税收遵从度较低、税收不遵从等类别，并针对不同情况的纳税人采取不同的管理策略。税收遵从度的衡量，还有利于财税部门找到影响纳税人税收遵从度的诸多因素，为完善法律、政策和管理规定提供科学的基础支持，提高制度运行的效率。

Allingham 和 Sandmo（1972）从研究逃税理论模型（A-S 模型）出发，最早探讨了纳税遵从的度量问题；由于 A-S 模型是基于新古典经济学理论提出的静态分析模型，也存在诸多缺陷，Yitzaki（1974）对该模型进行了改进，形成了 A-S-Y 模型；再之后的研究路径日益多元化，如有的学者引入了心理学、行为学和社会学研究方法，将心理成本加入到效用函数模型中，较好地利用预期理论分析了诚实纳税人的行为，之后就逐渐形成了基于期望理论的税收遵从模型。

周叶（2006）认为，偷税、税收缺口和地下经济与税收不遵从有着相当的区别。衡量纳税人税收遵从度的关键在于用什么方法得到需要的数据：随机的税务检查数据还是非随机的税务检查数据，纳税人申报表的数据还是财务报表的数据，问卷调查还是实验研究等。建议财政部门与税务部门配合协作，建立类似于美国 TCMP 的数据库。吴昇文（2007）根据 A-S 模型以及其他相关理论，结合税务部门的税收管理经验和专家学者的意见，归纳出影响税收遵从度的七个主要因素，即国家承诺可信度、税收政策认知水平、税收行政和管理水平、税收遵从成本、税收不遵从成本、税收制度完善程度、其他纳税人的税收遵从情况。引入税收遵从度的计算公式。根据设定的税收遵从度测度指标体系，税收遵从度 X 的计算公式为：$X = \sum X_i / K$。其中，K 为税收遵从度测度指标体系包含的问题总数，X_i 为第 i 个问题的遵从度。$X_i = n_i / n \times 100\%$。其中，$n_i$ 为"完全同意"和"基本同意"第 i 个问题的观测值，n 为观测值总数通过问卷调查和网上调查两个途径测得广东省的税收遵从度分别为 70.05%、70.11%，用相同方法测得全国平均水平（66.32%）。安体富、王海勇（2009）借用斯哥摩尔德斯、范拉伊和刘易斯的经济心理学分析框架，对上海市企业的主观税收遵从度进行了测算，主要选取了税收环境因素中税制改革步伐的快慢、税收政策的稳定性、可获得性税收环境知觉因素中对税收负担的公平感、违法惩罚力度的大小、他人偷逃税的影响、纳税对商业信誉的影响，以及纳税感受因素中对税务机关服务的认同感、对所享受公共服务的满意度等9个指标，首先对每个指标的各备选答案赋值，再根据对回收问卷的统计分析，计算出每个指标的分值，汇总得出企业的主观税收遵从度。袁祥、黄树民（2013）也设想将遵从度衡量简单地量化，结合目前比较通行的风险管理和纳税服务理念，基于对影响纳税人遵从的因素分析，从意愿、能力和行为三个维度，对纳税遵从度指标进行了介绍。并提出了两个设想：设想1：在不能实现普查的情况下，取当期已经实施审计企业的平均数，即纳税遵从度＝Σ自行申报税款/Σ（自行申报税款+查补税款）；设想2：以未查企业的年度风险识别、分析为基础，确定其遵从结果。

二、税收遵从成本

税收成本通常分为三类，即经济成本、管理成本和遵从成本。税收遵从成本是指纳税（自然人和法人）为遵从既定税法和税务机关要求，在办理纳税事宜时发生的除税款和税收的经济扭曲成本（如工作与闲暇选择的扭曲、消费或生产选择的扭曲）以外的费用支出。

英国巴斯大学的名誉政治经济学教授桑福德（Sandford）是对税收遵从成本研究较早的学者，他将遵从成本定义为"纳税人（或第三人，尤其是企业）为遵从税法或税务机关要求而发生的费用支出"。这种费用支出是指税款及税收所固有的扭曲成本（如工作与闲暇的扭曲，商品消费或生产选择的扭曲）以外的费用。包括：时间成本，即纳税人办理纳税事宜耗费的时间；货币成本，即与税务顾问相关的报酬支付；心理成本，指纳税人认为自己纳税却没有得到相应回报而产生的不满情绪，或者对误解税收规定而可能遭受处罚而产生的焦虑。在桑福德研究的基础上，一些学者结合本国的税制特点对税收遵从成本的构成进行了补充和完善：澳大利亚税收研究计划小组在1990年开始的遵从成本测算过程中将税收遵从成本分为社会遵从成本（SCC）和纳税人遵从成本（TCC），对遵从成本的估算公式做了更为详细的表达，认为纳税人的遵从成本（TCC）＝纳税人的直接货币支出+纳税人为纳税而花费的时间和各种资源的推算成本-（纳税人的管理利益+纳税人的现金流量利益+纳税人的税收扣除利益）-税收筹划减少的应纳税额。TCC其实是净遵从成本，它考虑了税收遵从收益。但在后来的研究中，克罗地亚的Helena Blazic（2004）对TCC测算公式提出了三点质疑：一是税收遵从收益是否都是由遵从产生的。二是这种收益（成本）的再分配比想象的复杂，不仅存在于纳税人和税务机关之间，而且也存在于纳税人之间。三是税收现金流量收益也可能是因为实际税率高引起的，不能完全看成是对TCC的一种补偿。在克罗地亚进行的税收遵从成本测算就没有考虑税收遵从收益。印度的Chat topadhyay和Das-Gupta（2007）认为由于政府的办事效率低下、腐败比较严重以及受到政府自身财力的制约，在发展中国家的企业税收遵从成本构成中，除了包含发达国家的那些项目外，还应该存在着其他方面的遵从成本，如延迟退税的机会成本和贿赂成本。Laurence Mathieu，Catherine Waddams Price 和 Francis Antwi（2010）对德国的税收遵从成本问题进行了研究，他们认为政府虽然致力于降低组织和个人的监管负担，但税收遵从中的个人评估方式还是使低收入者和老年人的税收遵从成本较高。通过问卷调查，他们得出无论是税收总的负担还是其各组成部分对于工薪阶层来说都是偏高的。税收遵从成本递减，并且受收入、职业和受教育水平等因素的影响。

我国学者雷根强和沈峰（2002）根据不同的标准对税收遵从成本进行了如下分类：①社会遵从成本和纳税人遵从成本；②初始遵从成本和经常遵从成本；③可计算成本与税收筹划成本，提出税收遵从成本的组成因素包括货币成本、时间成本、非劳务成本和心理成本。其在桑福德的基础上加入了非劳务成本。李林木（2005）对国外纳税遵从成本的研究历程作了比较全面的介绍，特别是对纳税遵从成本的一般构成和评估模式作了比较详细的介绍。罗光、萧艳汾（2007）利用 A-S 模型探讨了税收遵从成本与逃税之间的关系，提出了降低税收遵从成本的建议。

三、税收遵从度的影响因素与对策

影响纳税人遵从行为的因素有很多，包括政治因素、经济因素、文化因素、心理因素甚至纳税人自身的年龄、性别、性格、受教育程度等，都会影响纳税人的行为。Gamze Oz Yalama，Erdal Gumus（2013）通过对东京的调查数据进行回归分析，验证了上述观点。在此，我们分别就税收征管水平、税收道德因素、实际收入水平、税率、公共服务满意度、税制公平和税制结构等方面的因素来进行评述。

（一）税收征管水平

税收征管水平主要包括税收检查频率，对违反税法规定的处罚力度。Allingham 和 Sandmo（1972）在贝克尔关于犯罪经济学研究和阿罗关于风险和不确定性经济学研究的基础上最早提出利用预期效用最大化模型来分析税收遵从问题。模型假设：①纳税人是理性的自利者，其行为符合"经济人"的假定；②纳税人是以预期效用最大化为目标，且是风险厌恶者，其效用函数是其个人可支配收入的一元函数。在此假设下，构造纳税人目标函数，通过分析得出罚款率和检查概率的提高有利于刺激纳税人减少逃税活动，且这种影响作用非常明确。Friedland 等（1978）首次进行了税收遵从的实验。他们分析发现：罚款的增加、检查概率的提高都会使申报收入的数额增加，但数额巨大的罚款的威慑作用大于频繁的税收检查。Sebastian Eichfelder，Chantal Kegels（2012）调查了税务机关的行为与纳税人的遵从成本之间的关系，得出税收遵从成本不仅受税制本身的影响还受税务机关的征管水平的影响，根据他们的估计，一个不友好的税务机关将使得税收遵从成本提高25%以上。杨得前（2006）对不对称信息与税收遵从进行了研究，结果显示纳税人与相关主体间的关联博弈和重复博弈加大了对不诚实纳税人的惩罚力度，从而可以极大地激励纳税人选择诚实纳税。黄立新（2013）分别从经济角度、权益角度和纳税人的主观感受角度对税务机关的检查率和罚款率对税收遵从的影响进行了分析，得出税收征管模式的繁简、税务检查和罚款力度的大小对税收遵从的影响是复杂的，过分简单或复杂的征管模式、大幅降低或提高税务检查和罚款的力度，往往都达不到提高纳税人遵从度的目的，只有在保证有效监管和威慑前提下的税收征管的简化，才会有利于税收遵从。

（二）税收道德因素

Frey（1997）把税收道德定义为纳税人自觉支付税款的内在动机，属于心理层次的需要，而需要是行为的原动力。Roth（1989），Hanno和Violette（1996）认为，纳税人在做出遵从或不遵从税法的决策中包括道德因素的影响，公民遵守税法的部分原因是由于他们的道德责任驱使他这样做，而不仅仅是出于经济利益上的考虑。ChanggyunPark和Jin Kwon Hyun（2003）在韩国设计的实验结果表明，当纳税人具有强烈的税收不遵从倾向时，税收道德教育也是提高纳税遵从的有力手段。

Ahmed Riahi-Belkaoui（2004）选取了30个国家的数据进行了回归分析，结果表明税收道德更高的国家的公民更倾向于把纳税看成是一项公民责任而不是负担，因此其税收遵从度较高。Cummings等人（2009）运用调查数据，在一个人工的模拟实验环境里研究比较了南非和博瓷瓦纳两国的税收道德与纳税遵从的关系，结果显示，税收道德对纳税遵从有重要的影响。

谷成（2012）认为，态度和价值观在个人行为决策中的作用不可忽视，在分析税收遵从问题时需要考察税收道德因素，其中税收道德是指纳税人缴纳税款的意愿和动机。并指出影响税收道德的因素有两个：一是纳税人对税收负担公平性的看法和感受，二是纳税人与政府间的关系。基于此提出了完善税收道德的路径。杨得前（2006）对税收道德与税收遵从的关系进行了研究。结果表明，税收道德与税收遵从之间存在着显著的正相关关系，他用单因素方差分析研究了性别、年龄、婚姻状况、收入水平、教育程度与税收道德的关系。结果显示，性别、年龄及婚姻状况对税收道德有显著影响，而收入水平和接受教育的程度对公民的税收道德没有显著影响。陈平路、邓保生（2011）遵循Frey和Feld的模型，加入了税收道德变量和纳税服务变量，分析了税收道德在遵从行为中的作用，建立了心理模型。

（三）实际收入水平

Spicer和Lundstedt（1976）认为自己当老板的纳税人比受雇者更倾向于逃税，并且由于老板的收入来源渠道更多，其逃税的机会更多。因此，收入水平对税收遵从决策的影响可能与收入的来源有关。Mason和Calvin于1975年和1980年先后两次对美国俄勒冈州的800名纳税人做了调查，研究收入水平对纳税遵从的影响。他们发现，纳税人害怕被税务机关查处的恐惧心理产生了显著的威慑效应，而且收入越高的人越不愿意逃税，纳税人的税收遵从度越高。Kirchler, Muehlbacher, Holzl 和 Webley（2007）进行了一个实验，实验表明，如果收入是通过努力工作获得的，那么纳税人的税收遵从度更高，因为他们不愿意因与税务机关博弈而失去自己努力工作获得的收入。Yvonne Durham , Tracy S. Manly 和 Christina Ritsema（2012）同样做了个实验来研究收入来源与税收遵从行为之间的关系。结果表明：虽然收入的来源渠道和环境对税收遵从都没有显著影响，但随着时间的推移接受试验者的税收遵从意愿增强，随着收入的提高其税收遵从度反而下降。收入来源渠道和环境的交互作用显著影响着收入水平和税收遵从之间的关系以及税收遵从行为的动态选择。童疆明（2009）对影响纳税遵从的因素进行了实验分析，得出纳税人的收入对纳税遵从的影响是不确定的。

（四）税率

Allingham 和 Sandmo（1972）认为，税率对纳税人税收遵从度的影响是不确定的，因为税率对逃税的影响具有收入效应和替代效应。替代效应对申报收入的影响是负面的。因为增加税率会让纳税人逃税的边际收益更大，所以纳税人倾向于纳税不遵从。收入效应对申报收入的影响是正面的，因为提高税率会使纳税人的可支配收入减少，在绝对风险厌恶递减的情况下纳税人会倾向于少逃税。

Kirchler（2008）认为，当公民对政府的信任度低时，高税率在纳税人看来是不公平的；反之，当公民对政府的信任度高时，相同级别的税率会被看成是对社会的贡献，反过来又使每个个体受益。黄立新（2013）认为，税率越低，纳税人的税收负担就越低，其让渡的经济利益就越小，就越容易遵从。但如果增税是为了提高公共产品和公共服务的水平，且纳税人认为增税的方式是公平的，纳税人的遵从度依然不会降低。二者的相同点在于，税率的绝对额对纳税遵从度并不会产生必然的影响。其对税收遵从度的影响还要结合公民对政府的态度。

（五）公共服务满意度和税制公平

在很多国家，罚金水平和稽查水平都很低而纳税遵从度却相当高（Alm, Mc-Clelland & Schulze 1992），这种现象被归结为税制公平对纳税遵从的影响。纳税人可能会认为名义的税制对他相对其他人不公平。或者，因逃税致使诚实的纳税人感到和不诚实的纳税人在缴税上形成了一个不公平的差距，而这会成为这些人逃税的借口。

Jackson 和 Milliron（1986）认为，税收领域的公平主要来源于两个不同的认知维度：一个维度是纳税人与政府交换的投入与回报比率的大小，另一个维度是纳税人与他人相比较的税收负担大小。Lewis（1982）研究个体纳税心理发现，只有在纳税人感到就他的收入而言税收政策是公平合理的，才可能自觉地缴纳税款，否则就会逃税；Kirchler（2007）也认为，当纳税人感到税制不公平时，那么他更倾向于逃税，如果纳税人认为税制是透明的、公平的、可信赖时，纳税人遵从度会相应提高。

除了税制公平性因素之外，公共服务也被认为是影响纳税遵从的重要因素。

Spicer 和 Lundstedt（1976）以及 Alm，Jackson 和 McKee（1992）等均通过研究发现公共支出水平提高了纳税遵从度。Alm，Cherry，Jones and McKee（2010）通过研究发现，提供纳税人服务能够减少纳税人的税收遵从成本从而对逃税产生削弱效益，即减少税收不遵从行为。Spicer 和 Lundstedt（1976）基于美国的调查数据，将公共支出和税收两个因素结合在一起构造了公平指数并检验其对纳税遵从的影响，发现该指数对纳税人逃税行为有显著影响，然而这一结果很难解释究竟何种因素对逃税产生了影响。任小军（2013）基于中国的情况对该问题进行了深化。他认为公共服务满意度与税制公平及纳税遵从之间存在以下关系：公共服务满意度正向影响税制公平，而税制公平正向影响纳税遵从，公共服务满意度对纳税遵从的影响通过税制公平的传导作用实现。

（六）税制

Alm 和 Roy（1990）研究了税制结构与税收遵从的关系。他们发现，当最高边际税率下降时，税基上升，纳税遵从度上升，而税务机关加大稽查与处罚力度时纳税人遵从度反而下降，但下降力度比较小。所以，他们认为综合的涉及税率、税基、管理等方面的改革能够有助于提高纳税遵从度。Damjanovic 等人（2010）研究了累进税制、收入分配与纳税遵从的关系。他们认为税制越累进，纳税遵从度越高。刘东洲（2008）借鉴新制度经济学中交易成本推动制度变迁的理论分析框架，研究了税制变迁与税收遵从的相关性，探讨了税制本身对税收遵从的影响程度以及在税制变迁中如何重视、提高税收遵从度问题。

此外，也有一些学者从税收文化方面来研究其对税收遵从的影响。比格·纳瑞定义了两种不同的税收文化缺失对税收遵从的影响，即税收文化冲击和税收文化滞后。贾曼莹、王应科和丁子茜（2009）分析了我国税收文化缺失的原因，并认为税收文化缺失会降低纳税遵从度。

还有一些学者研究不同税收环节对税收遵从的影响因素。比如李显著、田瑞和马文华（2010）通过借鉴范拉伊模式，以 1245 户调查企业为分析样本，从税务登记、申报征收、税务稽查三个涉税环节入手，分别应用 Logistic 回归模型，分析了影响各环节税收遵从水平的主要因素，并得出结论：纳税人自身因素中的依法诚信纳税意识水平、经营时间、企业规模等因素对各环节的税收遵从水平有明显影响；社会环境因素中的税务中介机构发展情况对税务登记环节及申报征收环节的税收遵从水平有比较明显的影响；税收管理因素中的税务机关征管质量及对违法行为的查处力度会对申报征收及税务稽查环节的税收遵从产生显著影响；税收法制因素中的税款使用情况会对纳税人在税务登记环节及申报征收环节的税收遵从行为产生影响；在此基础上提出了相关对策与建议。

四、目前研究的不足及进一步研究的方向

总的来说，关于税收遵从的研究很多，研究的内容也很广泛。税收遵从的理论研究和实证分析都取得了显著的进步，研究的视野从经济学扩展到了心理学、

行为学、政治学、社会学等领域，对税收遵从行为的分析和阐释日益透彻和科学。但是，作为一个新兴的理论，税收遵从理论也不可避免地存在着一些问题。主要表现在以下几个方面：

（1）对税收遵从的研究没有形成系统的理论分析框架，缺乏对税收遵从行为的全面整体分析。虽然理论界运用预期效用理论、前景理论、税收遵从成本理论、契约理论、新公共管理理论、社会心理学理论等多种理论对遵从问题进行了研究，也从不同的立场分析了影响遵从的各种因素，但这些理论都只是立足自身的领域从一个或多个因素来研究，而没有从整体上把握税收遵从问题，不可避免地存在一定的片面性。因此，需要对研究税收遵从的各种理论进行整合，形成一个系统的、完整的分析框架。

（2）对纳税遵从的研究结论并不完全一致，甚至彼此矛盾。比如，预期效用理论强调税务检查率和罚款率是影响遵从的重要因素，但社会心理学却认为这些因素对纳税人没有什么影响。所以，需要我们在前人研究的基础上进一步根据我国纳税人的个性特征、纳税风险偏好差异等来探寻影响纳税遵从的因素，从而采取措施，提高整个社会的纳税遵从度。

（3）在研究方法上，定性分析比较多、定量分析比较少，并且对纳税遵从度缺乏合理的度量。通过建立模型，分析数据能对一些问题做出一般性的分析，其中合理量化纳税遵从度是实证分析的前提。纳税遵从度是一个主观的概念，其影响因素很多，很多数据缺乏可得性，因此缺乏统一的标准来对其进行度量，还有待深入研究。

（4）现实适用性较弱。无论是预期效用理论、信息不对称理论还是前景理论都是基于一定的假设条件的。然而，现实情况极其复杂，很难将这些假设与现实相对应。加之这些理论自身的缺陷和矛盾，使其不能得出明确清晰的结论，严重降低了其对税收遵从行为的解释和分析能力，削弱了理论对现实的指导意义。基于更具包容性和现实贴近性的假设，构建模型对税收遵从进行理论研究显得十分必要。

（5）目前国内关于税收遵从的研究大多是基于个人所得税，研究自然人的税收行为，对流转税及企业税收遵从行为的研究较少。而目前我国个人所得税在税收收入总额中所占比重很低，不超过6%，占大头的还是货劳税和企业所得税。个人所得税的大部分也是由企业等单位代扣代缴的，企业是我国最主要的纳税人和税款缴纳者。因此，研究企业的税收遵从行为和货劳税的税收遵从在我国更具有现实性，这是今后亟待深化加强的研究方向。

参考文献：

［1］李林木. 国外税收遵从成本研究述评［J］. 涉外税务，2005（8）.

［2］刘东洲. 从新制度经济学角度看税收遵从问题［J］. 税务研究，2008（7）.

［3］杨得前. 自愿税收遵从影响因素的实证分析［J］. 税务研究，2009（10）.

[4] 周叶. 税收遵从度的衡量 [J]. 税务研究, 2006 (4).

[5] 吴昇文. 广东省税收遵从度调查报告 [J]. 税务研究, 2007 (10).

[6] 安体富, 王海勇. 企业主观税收遵从度研究——基于上海市企业的问卷调查 [J]. 涉外税务, 2009 (2).

[7] 袁祥, 黄树民. 论遵从度衡量在税收遵从风险管理中的实用性 [J]. 税务研究, 2013 (5).

[8] 锡德里克·桑德福. 成功税制改革的经验与问题 (第3卷): 税制改革更为关键的问题 [M]. 杨灿明, 等, 译. 北京: 中国人民大学出版社, 2004: 99.

[9] 雷根强, 沈峰. 简论税收遵从成本 [J]. 税务研究, 2002 (7).

[10] 罗光, 萧艳汾. 考虑税收遵从成本的逃税模型研究 [J]. 税务研究, 2007 (1).

[11] 杨得前. 税收遵从的理论研究及其在税收管理中的应用 [M]. 上海: 上海理工大学, 2006.

[12] 黄立新. 税收遵从的影响因素探究 [J]. 税务研究, 2013 (5).

[13] 谷成. 基于税收遵从的道德思考 [J]. 税务研究, 2012 (9).

[14] 陈平路, 邓保生. 纳税遵从行为中的心理因素分析 [J]. 涉外税务, 2011 (1).

[15] 童疆明. 税收遵从影响因素的实验分析 [J]. 税务与经济, 2009 (2).

[16] 童疆明. 多视角下的税收遵从研究——国外文献综述 [J]. 生产力研究, 2009 (23).

[17] 韩晓琴. 有关纳税遵从的国外研究文献综述 [J]. 税收经济研究, 2012 (4).

[18] 贾曼莹, 王应科, 丁子茜. 浅议税收文化对税收遵从的影响 [J]. 税务研究, 2009 (10).

[19] 李显著, 田瑞, 马文华. 范拉伊模式下涉税环节税收遵从影响因素的实证分析 [J]. 税务研究, 2010 (8).

[20] 任小军. 公共服务满意度、税制公平与纳税遵从——来自中国的证据 [J]. 经济与管理, 2013 (4).

[21] Michael G. Allingham and Agnar. Sandmo. Income Tax Evasion: A Theoretical Analysis [J]. Journal of Public Economics, 1972 (1): 323-338.

[22] Binh Tran - Nam, Chris Evans, Mich Elwalpole , Katherine Ritchie. Tax compliance costs: research methodology and empirical evidence from Australia [J]. National Tax Journal, 2000, 53 (2): 229-252.

[23] Helena Blazic. Compliance costs of tax at ion in atransition country: the example of Croatia [J]. National tax Association- Tax I nstitute of America, 2004.

[24] Gamze Oz Yalama, Erdal Gumus. Determinants of Tax Evasion Behavior: Empirical Evidence from Survey Data [J]. International Business and Management, 2013: 62.

[25] Sebastian Eichfelder, Chantal Kegels. Compliance costs caused by agency action? Empirical evidence and implications for tax compliance. Journal of Economic Psychology, 2012.

[26] Tyler, T. R.. The psychology of legitimacy: A relational perspective on voluntary deference to authorities [J]. Personality and Social Psychology Review, 1997.

[27] Hanno, D. M., Violette, G. R.. An Analysis of Moral and Social Influences on Taxpayer Behavior [J]. Behavioral Research in Accounting, 1996 (8): 57-75.

[28] Chang-Gyun Park, Jin Kwon Hyun. Examining the Determinants of Tax Compliance by Experimental Data: A Case of Korea [J]. Journal of Policy Modeling, 2003 (25): 673-684.

[29] Ahmed Riahi-Belkaoui. Relationship between tax compliance internationally and selected de-

terminants of tax morale [J]. Journal of International Accounting, Auditing and Taxation, 2004.

[30] Cummings, R. G., Jorge Martinez-Vazquez, Michael McKee, Benno Torgler. Tax Morale Affects, Tax Compliance: Evidence from Surveys and an Artefactual Field Experiment [J]. Journal of Economic Behavior & Organization, 2009 (70): 447-457.

[31] Spicer, M. and Becker, L.. Fiscal inequity and tax evasion: An experimental approach [J]. National Tax Journal, 1980, 33 (2): 171-175.

[32] Mason, R. Calvin, I. Public Confidence and Admitted Tax Evasion [J]. National Tax Journal, 1984 (37): 489-496.

[33] Kirchler, E. The Economic Psychology of Tax Behaviour. Cambridge, UK: Cambridge University Press, 2007.

[34] Yvonne Durham, Tracy S. Manly, Christina Ritsema. The effects of income source, context, and income level on tax compliance decisions in a dynamic experiment [J]. Journal of Economic Psychology, 2012.

[35] Kirchler, E., Hoelzl, E. and Wahl, I.. Enforced versus voluntary tax compliance: The slippery slope framework [J]. Journal of Economic Psychology, 2008 (29): 210-225.

[36] C. Bazart, A. Bonein-Turolla.. Reciprocal relationships in tax compliance decisions. Journal of Economic Psychology, 2012.

[37] Jackson, B. R. and Milliron, V. C.. Tax compliance research: Findings, problems and prospects [J]. Journal of Accounting Literature, 1986 (5): 125-165.

[38] Nicoleta Barbuta-Misu. A Review of Factors for Tax Compliance: Annals of Dunărea de Jos University FascicleI [J]. Economics and Applied Informatics, 2011 (11).

[39] Spicer, M. and Becker, L.. Fiscal inequity and tax evasion: An experimental approach [J]. National Tax Journal, 1980, 33 (2): 171-175.

[40] Alm, J., Roy, B., Matthew N. M.. Tax Structure and Tax Compliance [J]. The Review of Economics andStatistics, 1990 (72): 603-613.

图书在版编目(CIP)数据

光华财税年刊(2012—2013)/西南财经大学财政税务学院编.—成都:
西南财经大学出版社,2014.4

ISBN 978 - 7 - 5504 - 1396 - 2

Ⅰ.①光…　Ⅱ.①西…　Ⅲ.①财政管理—中国—2012—2013—年刊
②税收管理—中国—2012—2013—年刊　Ⅳ.①F812 - 54

中国版本图书馆 CIP 数据核字(2014)第 074910 号

光华财税年刊(2012—2013)

西南财经大学财政税务学院　编

责任编辑:向小英

封面设计:墨创文化

责任印制:封俊川

出版发行	西南财经大学出版社(四川省成都市光华村街55号)
网　　址	http://www.bookcj.com
电子邮件	bookcj@foxmail.com
邮政编码	610074
电　　话	028 - 87353785　87352368
印　　刷	郫县犀浦印刷厂
成品尺寸	185mm×260mm
印　　张	10
字　　数	220 千字
版　　次	2014 年 4 月第 1 版
印　　次	2014 年 4 月第 1 次印刷
书　　号	ISBN 978 - 7 - 5504 - 1396 - 2
定　　价	38.00 元